ECONOMIA
DA
LONGEVIDADE

JORGE FÉLIX
ECONOMIA
DA
LONGEVIDADE

O ENVELHECIMENTO POPULACIONAL MUITO ALÉM DA PREVIDÊNCIA

Copyright © 2019 por Editora 106

Editores:	Fernanda Zacharewicz
	Gisela Armando
	Omar Souza
Preparação e revisão	Omar Souza
Capa	Rafael Brum
Diagramação	Sonia Peticov

Primeira edição: outubro de 2019

Dados Internacionais de Catalogação na Publicação (CIP)

Ficha catalográfica elaborada por Angélica Ilacqua CRB-8/7057

F36e

Félix, Jorge

Economia da longevidade: o envelhecimento populacional muito além
da previdência / Jorge Félix. — São Paulo: 106, 2019.
192 p.

ISBN: 978-65-80905-03-4

1. Envelhecimento da população — Aspectos sociais — Brasil 2. Envelhecimento da população — Aspectos econômicos — Brasil 3. Brasil —
Previdência social I. Título

19-2151   CDD – 305.260981
                                      CDU 3-053.9(81)

Índice para catálogo sistemático
1. Envelhecimento da população: Aspectos sociais e econômicos

Convertido ao formato digital pela Bookwire
ISBN do ebook: 978-65-80905-02-7

Publicado com a devida autorização e com
todos os direitos reservados por

EDITORA 106
Av. Angélica, 1814 — Conjunto 702
01228-200 São Paulo S.P.
Tel: (11) 93015.0106
contato@editora106.com.br
www.editora106.com.br

Sumário

Agradecimentos	9
Apresentação	11

Parte I: A geopolítica do envelhecimento populacional

• Sob qual economia os países pobres estão envelhecendo?	19
• O "capitalismo de reconstrução" e seu "seguro coletivo"	29
• Século XX: envelhecer num interstício do capitalismo	55
• Século XXI: envelhecer sob a hegemonia da "finança"	69
• A longevidade como fator perturbador do capitalismo	105
• Brasil: envelhecendo no *capitalismo de desconstrução*	117
• Questionamentos	141

Parte II: Economia da Longevidade, um caminho para o desenvolvimento econômico

• Introdução	157
• Uma obra em construção: de termo a conceito	163
• Uma política pública no âmbito macroeconômico: o caso da França	169

- O papel da Gerontecnologia 175
- Brasil: uma visão crítica 181
- Considerações finais 189

A maioria dos seres humanos atua como os historiadores:
só em retrospecto reconhece a natureza de sua experiência.

ERIC HOBSBAWM[1]

---

[1]HOBSBAWM, E. *Era dos Extremos, o breve século XX 1914-1991*. São Paulo: Companhia das Letras, 1995, p. 253.

Agradecimentos

Este livro é resultado de um longo trabalho de pesquisa desenvolvido durante muitos anos em vários grupos acadêmicos. Todo trabalho deste tipo é obrigatoriamente coletivo, embora desde já eu deva assumir qualquer suposto equívoco aqui cometido como de minha inteira responsabilidade. Seria impossível reunir e amadurecer essas reflexões sobre o envelhecimento populacional sem o debate proporcionado pelos integrantes do Grupo de Pesquisa Políticas para o Desenvolvimento Humano (PDH) do Programa de Estudos Pós-graduados em Economia Política da Pontifícia Universidade Católica de São Paulo (PUC-SP), liderado pela professora Rosa Maria Marques; do grupo de Estudos do Novo Desenvolvimentismo da Fundação Getúlio Vargas (SP), liderado pelo professor Luiz Carlos Bresser-Pereira; e do Núcleo de Estudos e Pesquisas Urbanos (Nepur) do Programa de Estudos Pós-graduados em Ciências Sociais da PUC-SP, liderado pela professora Maura Pardini Bicudo Véras. A todos, o meu agradecimento.

O objetivo inicial desta pesquisa foi a elaboração de minha tese de doutorado em Ciências Sociais na PUC-SP, e quero agradecer a leitura e as observações das professoras Ana Amélia Camarano (FGV-RJ), Guita Grin Debert

(Universidade de Campinas) e do professor Bruno Daniel Filho (PUC-SP). Igualmente importante foi minha atuação como professor convidado no mestrado em Gerontologia da Universidade de São Paulo (Escola de Artes, Ciências e Humanidades), e gostaria de agradecer às professoras Marisa Accioly Domingues e Bibiana Graeff.

Meus alunos na disciplina de Economia Política da Fundação Escola de Sociologia e Política de São Paulo também me empurraram para muitas reflexões contidas aqui. Obrigado pelos questionamentos, pelas dúvidas e pelos comentários.

Agradeço a Wili e Zely, meu sogro e minha sogra, à minha mãe, Arlette, à minha mulher, Angela, e a meu filho, João. São todos coautores.

Apresentação

O debate público sobre o envelhecimento populacional no Brasil é intencionalmente confinado na questão da necessidade de solvência das contas do sistema de previdência social. Minha interpretação sempre foi a de que esse viés meramente fiscalista condenaria o tema a uma imagem de catástrofe determinista com resultados perversos para toda a seguridade social e, consequentemente, para a sociedade brasileira. Infelizmente, essa ainda é a acepção hegemônica na esfera pública, sobretudo entre os economistas. Esse exclusivismo apaga todo o contexto histórico da dinâmica demográfica que diferencia os países pobres e os países ricos, usando aqui uma definição, concordo, bastante simplificadora para designar o estágio de desenvolvimento econômico das nações.

Outras nomenclaturas amplamente adotadas, como "desenvolvidos", "subdesenvolvidos", "emergentes", "países de renda média" etc. só ampliaram a nebulosidade sobre o que este livro pretende trazer à luz. O debate meramente fiscalista oculta o caráter adquirido pela dinâmica demográfica na concorrência global do século XXI. Ao lado das mudanças climáticas e do avanço tecnológico (a chamada Quarta Revolução Industrial, com a ascensão da inteligência artificial

12 ECONOMIA DA LONGEVIDADE

nos sistemas de produção), o envelhecimento populacional global, embora em ritmos distintos de uma nação para outra, é o fator determinante no nosso século das possibilidades de desenvolvimento econômico. Se no século XX observamos uma "corrida armamentista", o mundo vive hoje uma "corrida populacional". Aqueles países com melhores habilidades para solucionar esse desafio estarão aptos a manter ou alcançar um estágio satisfatório de desenvolvimento. Os perdedores ficarão para trás.

Outro aspecto esquecido do envelhecimento populacional é seu potencial de fonte de riqueza. Em dois aspectos. O primeiro diz respeito à possibilidade de empresas financeiras e seguradoras de um país explorarem o mercado de poupança para a aposentadoria nos países alheios, e isso explica muito o interesse de *players* globais em reformas redutoras dos sistemas públicos de seguridade social, sobretudo previdência por repartição (*pay-as-you-go*) de países pobres, como o Brasil. Na concorrência global, a poupança feita alhures é vista como fonte de lucro para a solvência de um Estado do Bem-Estar Social sob ameaça nos países ricos.

O segundo aspecto é o potencial existente no envelhecimento da população de ser o propulsor de um novo segmento de industrialização altamente sofisticada. É o que chamei *Economia da Longevidade* em 2007, numa tradução do termo *silver economy* (ou *longevity economy*). Ainda incipiente no Brasil, a Economia da Longevidade baseia-se na mudança da estrutura de consumo das famílias (com mais idosos e menos crianças) para fazer emergir uma visão econômica repleta de possibilidades para os países na área industrial — seguindo uma visão schumpteriana e marxiana de defesa da industrialização como condição indispensável para o desenvolvimento econômico.

APRESENTAÇÃO 13

Em resumo, o envelhecimento jamais poderia ser visto apenas como custo, como "a bomba-relógio", como tem sido pelas políticas públicas no âmbito da Seguridade Social, mas como fonte de recursos, se adotada uma estratégia mais produtiva e menos financista na economia. Os países ricos estão atentos para esta economia, e nos últimos anos, sobretudo depois da crise de 2008, passaram a destinar montanhas de recursos à pesquisa e ao desenvolvimento com o intuito de largarem na frente nessa "corrida populacional" e serem os líderes globais em inúmeros produtos e serviços para o envelhecimento, quase todos de alta tecnologia.

Esses aspectos são praticamente ignorados no debate público sobre o envelhecimento populacional no Brasil, seja pelos *policy makers*, seja pela imprensa ou mesmo boa parte do meio acadêmico. Esse desprezo tem um custo econômico, de um lado, e de outro, evidentemente — ou, ao menos, para quem tem cabelos brancos e deixou de acreditar em coincidências —, um interesse econômico nada nacionalista. Na minha perspectiva, depois de muitos anos de pesquisa, está claro que a dinâmica demográfica global, pelos motivos acima, atua como vetor de uma nova colonização com canais na indústria financeira, na indústria de tecnologia e saúde e nos processos imigratórios.

Estes últimos com a condição de que a imigração seja para o fornecimento de mão-de-obra barata, principalmente de mulheres, para os cuidados de longa duração de idosos. Como afirma a socióloga norte-americana Arlie Russel Hochschild, as mãos femininas para os cuidados são uma espécie de novos recursos naturais, como o foram o ouro, a borracha, o petróleo, que o mundo rico espoliou do mundo pobre nos séculos passados. Nesse "imperialismo emocional", o produto é o amor e o carinho para os trabalhos de

14 ECONOMIA DA LONGEVIDADE

cuidados de crianças e idosos nos países ricos. É difícil para os economistas, mesmo os mais afeitos à matemática, quantificar no agregado o *quantum* de horas liberadas para o trabalho os familiares dos idosos dos países ricos *punçam* das vulneráveis imigrantes cuidadoras.

Mais do que essa assimetria entre os estágios de desenvolvimento dos países ao envelhecerem, notadamente os pobres e os ricos, ou o "Ocidente" e o "não-Ocidente", este livro pretende resgatar outro aspecto que considero importante no debate especificamente sobre a previdência social. É seu sentido social. Em conversas com muitos economistas em eventos, plateias ou alunos de diversos cursos de graduação e de pós-graduação, percebi, ao longo dos anos, como o "significado" de um sistema de previdência social se perdeu completamente no emaranhado de números e tabelas do discurso fiscalista. A maioria dos economistas, arrisco afirmar, lida com a questão previdenciária alinhando-a com outras despesas ordinárias. É apagado o seu caráter original, no qual estava entranhada uma enorme carga política e social.

Os sistemas de previdência jamais surgiram por solidariedade, pena dos idosos ou preocupação com a desigualdade social, embora tenham desempenhado esse papel. O capitalismo nunca absorveu a velhice. A previdência surgiu por medo da guerra, pela certeza de que, sem um mínimo de coesão social proporcionado pela redução do risco velhice, o capitalismo resulta em totalitarismo, bombas e destruição. Embora os primeiros sistemas de previdência datem do século XIX, foi depois das duas guerras mundiais, é preciso lembrar, que o mundo chegou ao consenso em torno da imprescindibilidade de ampliar sistemas de caráter estatal. Este livro pretende, portanto, resgatar esse sentido, esse significado para o debate atual.

APRESENTAÇÃO 15

Infelizmente, meu ponto de vista é um tanto pessimista. Não sobre as possibilidades particulares da velhice de cada pessoa, uma vez que o envelhecimento é heterogêneo em todas as sociedades. Os países pobres, como será visto, têm poucas chances de alcançar os países ricos no século XXI para disputar com alguma chance essa corrida. O tempo nunca lhes foi favorável. Nem no passado, como será constatado neste livro, nem agora.

O envelhecimento populacional em grande parte do mundo é surpreendentemente rápido. Como sabemos, as populações envelhecem devido a uma grande vitória do capitalismo — o aumento da expectativa de vida — concomitante a uma derrota, no meu ponto de vista: a redução da taxa de fecundidade. Sempre insisto na questão: se estamos envelhecendo mais e melhor, por que o homem do século XXI decidiu legar essa fortuna a cada vez menos descendentes? Talvez a pobreza e a desigualdade social crescente expliquem esse fenômeno. É por isso que é chegada a hora de se pensar o envelhecimento populacional, sobretudo nos países pobres, muito além da previdência.

PARTE I

A geopolítica do envelhecimento populacional

Sob qual economia os países pobres estão envelhecendo?

Meu pai sempre me dizia
Meu filho tome cuidado
Quando eu penso no futuro
Não esqueço do passado.

PAULINHO DA VIOLA,
Dança da solidão

Uma das frases mais ouvidas em seminários, congressos, debates e reproduzidas pela imprensa sobre o envelhecimento populacional é: "Os países ricos ficaram ricos antes de envelhecer e os países pobres [Brasil incluído] envelhecerão antes de ficar ricos." Essa sentença, originada em publicações de organismos multilaterais, por exemplo, o Banco Mundial,[1] mas não só, sustenta toda uma narrativa socioeconômica sobre o fenômeno demográfico. É fácil verificar como plateias numerosas aquiescem com meneios de cabeça quando ouvem tal assertiva. Ao convencer uma grande audiência,

---

[1] BANCO MUNDIAL. *Envelhecendo em um Brasil mais velho, implicações do envelhecimento populacional sobre crescimento econômico, redução da pobreza, finanças públicas, prestação de serviços.* Washington, D.C.: Banco Mundial, 2011, p. 19.

esse raciocínio constituiu-se explicativo *per se* tanto para a visão corrente entre leigos, para o senso comum ou para a sabedoria convencional quanto até mesmo para uma certa literatura econômica.

É necessário, para o bem do debate, "enigmatizar tudo aquilo que parece evidente", como nos aconselha Paugam[2] ao abordar a postura sociológica. A intenção aqui é demonstrar que a frase citada é a menos esclarecedora a respeito de como as sociedades desenvolvidas do hemisfério norte (ou do chamado "Ocidente" ou, como serão chamados aqui, simplesmente "os países ricos") enfrentaram o desafio de suas dinâmicas demográficas no século XX. Menos clara ainda é essa frase para dizer como os países do hemisfério sul (ou "de industrialização tardia", "em desenvolvimento" ou, simplesmente, "pobres") estariam impossibilitados de alcançar alguma chance de sucesso como sociedades envelhecidas.

A afirmativa pode até ser uma boa introdução para discorrer sobre o tema, mas ela esconde os pontos socioeconômicos mais relevantes da questão, além de ignorar completamente fatores indispensáveis para a honestidade da análise. Ela serve apenas (ou com eficiência) para, na verdade, lobrigar o objeto da discussão, isto é, os caminhos para garantir o bem-estar na fase idosa diante de uma longevidade cada vez maior e de um envelhecimento populacional acelerado — em grande parte dos países do sul global. E mais: deixa de lado, também, os desafios para a sustentação de Sistemas de Seguridade Social e redução da desigualdade social.

Em primeiro lugar, ao tomá-la como uma verdade (a afirmação acima criticada) diante das questões que estão sendo

---

[2]PAUGAM, S. *A pesquisa sociológica*. São Paulo: Editora Vozes, 2015, p. 19.

SOB QUAL ECONOMIA OS PAÍSES POBRES ESTÃO ENVELHECENDO? 21

colocadas às nações mais pobres à medida que envelhecem ao longo do século XXI, apaga-se todo e qualquer efeito histórico, como será mostrado a seguir, acerca dos fenômenos socioeconômicos que constroem essa desigualdade social.

Isso parecia razoável para economistas como Léon Walras (1834-1910) ou William Jevons (1835-1882) ao construírem os alicerces de sua Escola Marginalista no século XIX, mas hoje sabemos que é absolutamente impossível desvincular Economia e História. Como afirmam alguns autores críticos à linha anti-histórica, é preciso resistir ao fatalismo sem cair em um passadismo saudoso para ajudar o leitor a considerar de outro modo os problemas de nosso tempo; isto é, vê-los como *processos* sobre os quais é possível ter controle. Ou vê-los pela ótica da linha teórica, denominada na sociologia contemporânea de *economia-mundo*[3] — uma visão geo-histórica.

O que se pretende aqui é, então, confrontar esses processos de envelhecimento — dos países ricos e dos pobres — sem nenhuma idealização das sociedades do passado recente, subtração de dificuldades que hoje passam os países do hemisfério norte ou, muito menos, saudosismo de um determinado modelo econômico por considerá-lo estruturalmente ideal, como bem nos alertou Chico de Oliveira (2013) em relação às limitações do Estado de Bem-Estar Social europeu.

O objetivo é emprestar contexto à assertiva citada acima. Segundo o sociólogo alemão Erik S. Reinert,[4] "a ausência de

---

[3]IANNI, O. *Teorias da globalização*, Rio de Janeir: Editora Civilização Brasileira, 2006. WALLERSTEIN, I. *Análise dos sistemas mundiais*, In: GIDDENS, A.; TURNER, J. (orgs) Teoria Social Hoje, São Paulo: Editora Unesp, 1999.
[4]REINERT, E.S. *Como os países ricos ficaram ricos... e por que os países pobres continuam pobres*. Rio de Janeiro: Centro Internacional Celso Furtado de Políticas para o Desenvolvimento e Editora Contraponto, 2016, p. 61.

ECONOMIA DA LONGEVIDADE

contexto" impede qualquer grau de compreensão qualitativa. Para tanto, é sempre necessário "abrir a caixa preta" dos últimos trinta, quarenta, cinquenta anos e verificar como a Humanidade construiu sua História,[5] quais intervenções são necessárias e sua relação de dependência com outros fatores sociais, no caso, o envelhecimento populacional.

Do ponto de vista sociológico, portanto, considera-se essencial adotar uma perspectiva mais sofisticada, qual seja, a análise do fenômeno na ligação "tempo e espaço".[6] Diz C. Wright Mills: "Jamais deveríamos pensar em descrever uma instituição na América do século XX sem ter em mente instituições semelhantes em outros tipos de estruturas e períodos".[7] Para Bresser-Pereira,[8] ao estudarmos determinada sociedade, temos de pensá-la historicamente, o que significa que devemos pensá-la em termos de fases ou estágios de desenvolvimento por meio do qual a divisão do trabalho aumenta e essa sociedade torna-se mais complexa.[9]

---

[5]BOLTANSKI, L. e CHIAPELLO, E. *O novo espírito do capitalismo*, São Paulo, WMF Martins Fontes, 2009. Os últimos trinta anos, no referencial dos autores, de acordo com a data da primeira edição do livro na França, seria de 1970 a 2000.

[6]GIDDENS, A. *As consequências da modernidade*. São Paulo: Editora Unesp, 1991, p. 22. HARVEY, D. *Condição pós-moderna*. São Paulo: Edições Loyola, 24ª edição, 2013, p. 187.

[7]WRIGHT MILLS, C. *A imaginação sociológica*, Rio de Janeiro: Zahar Editores, 1969, p. 232.

[8]BRESSER-PEREIRA, L. C. *A construção política do Brasil – sociedade, economia e estado desde a Independência*. São Paulo: Editora 34, 2015, p. 13.

[9]Bresser-Pereira *et al* (2016, pp. 5-7) lembram que existem duas principais correntes metodológicas ou tradições de pensamento econômico: a tradição histórica e a tradição hipotético-dedutiva. Esta segunda, adotada pela teoria neoclássica e pela escola austríaca, parte de axiomas, como o *homo economicus* e a lei dos rendimentos decrescentes, e deduz tudo o mais a partir deles. Por isso, seus modelos são matemáticos. Mas, segundo os autores, é um método impróprio para as ciências sociais. A tradição histórica observa o comportamento dos agregados econômicos, busca possíveis

SOB QUAL ECONOMIA OS PAÍSES POBRES ESTÃO ENVELHECENDO? 23

O economista sul-coreano Ha-Joon Chang[10] destaca que mesmo a Economia do Desenvolvimento e a História Econômica — dois campos da Economia que dão grande relevância à abordagem histórica — foram abafados pela predominância da economia neoclássica (ou *Escola Marginalista*),[11] que adota o método hipotético-dedutivo, "matematizado", racional, e rejeita categoricamente o método histórico-dedutivo. De acordo com Chang, a "consequência funesta" dessa opção foi tornar particularmente a-históricas as discussões contemporâneas sobre a política de desenvolvimento econômico. Indo além, eu acrescentaria que o raciocínio pragmático e superficial empalideceu o fator histórico de todas as discussões de nossos dias. É preciso resgatar a História.

Em segundo lugar, o "ficar rico" tão citado, no caso, é o que menos importa por ser menos eficaz ou, até mesmo,

---

regularidades e tendências e formula a partir delas modelos econômicos simples. Os economistas históricos "sabem, desde o começo, que os agentes econômicos sempre tomam decisões em condições de incerteza". Ver: BRESSER-PEREIRA, L.C.; OREIRO, J.L.; MARCONI, N. *Macroeconomia desenvolvimentista – Teoria e política econômica do novo desenvolvimentismo*, Rio de Janeiro, Elsevier, 2016.

O mesmo diz Chang. Ver: CHANG, H-J. *Chutando a escada – a estratégia do desenvolvimento em perspectiva histórica*. São Paulo: Editora Unesp, 2004, p. 18.

O método também chamado "estrutural histórico" tem seu rastro de tradição na economia da América Latina na escola cepalina. Consultar: PREBISCH, R. *O Manifesto Latino-americano e outros ensaios*, organização e introdução Adolfo Gurrieri, prefácio Ricardo Bielschowsky, trad. Vera Ribeiro, Lisa Stuart, César Benjamin, Rio de Janeiro, Centro Internacional Celso Furtado de Políticas para o Desenvolvimento e Editora Contraponto, 2011.

Ver também GIDDENS, A.; TURNER, J. (orgs.) *Teoria social hoje*, São Paulo, Editora Unesp, 1999, p. 8.

[10]CHANG, H-J. *Chutando a escada – a estratégia do desenvolvimento em perspectiva histórica*. São Paulo: Editora Unesp, 2004, p. 21.

[11]Sobre as escolas econômicas e suas demarcações, ver Prado (2018).

24 ECONOMIA DA LONGEVIDADE

menos factível. A frase, assim, alimenta a ilusão de que os países deveriam perseguir o *crescimento econômico* e, como consequência, atingiriam o enriquecimento para, enfim, estarem aptos a enfrentar os desafios demográficos — e, automaticamente, serem bem-sucedidos na empreitada. Como nos alertou Chico de Oliveira,[12] essa perspectiva, a chamada "teoria do crescimento do bolo",[13] é uma "dialética vulgar". Ampla literatura sustenta que nem os países pobres ficarão ricos[14] nem essa riqueza atenderia, obrigatoriamente, a necessidade de oferecer bem-estar a uma população mais envelhecida.

A identificação mecânica do crescimento econômico (tendo o PIB como medida reinante) com o bem-estar da população já está suficientemente questionada na literatura socioeconômica[15]. Alguns autores acrescentam a essa complexidade — muitas vezes intimidante para a ciência — o

---

[12]OLIVEIRA, F. *Crítica à razão dualista – o ornitorrinco*. São Paulo: Boitempo Editorial, 2013, p. 29.

[13]A "teoria do crescimento do bolo" faz referência à famosa frase atribuída ao economista Delfim Netto, ministro da Fazenda da ditadura militar (1967-1974) de que era preciso, primeiro, fazer o produto interno bruto crescer e somente depois dividi-lo, ou seja, o Brasil precisava ficar rico antes para só depois acabar com a pobreza por meio de políticas sociais.

[14]Sobre esta afirmativa, ver ampla literatura econômica a respeito do "*catching up*" (ou *alcançamento*), que será explorado aqui mais tarde, e o ceticismo de diversos autores (de variadas escolas econômicas) a respeito dessa possibilidade em relação ao Brasil e outros países "emergentes" face à atual divisão internacional do trabalho, como Piketty (2015), Stiglitz (2012), Lara Resende (2013), O'Neil (2012), Attali (2008), Chang (2004).

[15]PIKETTY, T. *O capital no século XXI*. Rio de Janeiro: Ed. Intrínseca, 2015. SEN, A. *Desenvolvimento como liberdade*. São Paulo: Companhia das Letras, 2000. SOUZA SANTOS, B. Da Ciência Moderna ao Senso Comum In: SOUZA SANTOS, B. *A crítica da razão indolente - contra o desperdício da experiência*. São Paulo: Cortez Editora, 2000.

SOB QUAL ECONOMIA OS PAÍSES POBRES ESTÃO ENVELHECENDO? 25

fator da degradação ambiental[16]; já outros, o fator da desigualdade social[17]. E ambos os temas jamais foram alvos da Escola Neoclássica, seja na teoria, na política econômica ou na retórica.

O sonho do progresso seduziu os entusiastas da modernidade no século XIX e sustentou previsões econômicas otimistas no século XX, como as curvas em *U* invertido de Simon Kuznets,[18] segundo o qual o avanço tecnológico criaria desigualdade em um primeiro momento e, depois, "naturalmente" distribuiria riqueza. No século XXI, a *riqueza* (crescimento) perde a centralidade do debate e é substituída pelo desafio de sua distribuição — tão irregular ao longo da biografia capitalista. Tal "perda de centralidade" não ocorreu, contudo, na teoria econômica hegemônica, ainda insistente com a possibilidade de um equilíbrio como ponto de repouso na economia, mas sim na realidade das ruas, por causa de fatores como a emigração galopante, a assimetria de perspectivas de bem-estar dos jovens para as gerações anteriores, inclusive nos países ricos, entre outros.

A análise da relação entre o crescimento econômico em ambiente democrático e a trajetória das distâncias sociais no Brasil entre 1960 e 2010 mostrou um efeito limitado, apesar de avanços na redução da desigualdade social, principalmente a partir da Constituição Federal de 1988, com

---

[16]SACHS, I. *A terceira margem: em busca do ecodesenvolvimento*. São Paulo: Companhia das Letras, 2009.
[17]PIKETTY, T. *O capital no século XXI*. Rio de Janeiro: Ed. Intrínseca, 2015. STIGLITZ, J.E. *The Price of Inequality, How today's divided society endangers our future*. New York: W.W. Norton & Company, 2012. GORDON, R. *The Rise and Fall of American Groth: The U.S. Standart of Living since the Civil War*, Princeton University Press, 2016.
[18]KUZNETS, S. *O crescimento econômico do pós-guerra*. Rio de Janeiro: Fundo de Cultura, 1966, p. 18.

26 ECONOMIA DA LONGEVIDADE

a universalização de serviços como a saúde — no caso da pessoa idosa, com seu reconhecimento inédito como um *sujeito de direitos* — e, a partir de 2003, com uma política de aumento real do salário mínimo. Em outras palavras, apenas crescer e "ficar rico" significaria pouco para enfrentar os desafios do envelhecimento populacional, pois os resultados positivos alcançados em metade de um século têm origem em uma "combinação", como grifa Marta Arretche,[19] de políticas distintas, isto é, *escolhas* por parte dos formuladores de políticas.

As condições para o bem-estar da população idosa nos países ricos são, obviamente, muito melhores do que nos países pobres — em termos absolutos. No entanto, as questões inerentes à longevidade humana estão presentes no rol dos desafios sociais e econômicos, independentemente do tamanho do produto interno bruto de cada país. Em resumo, o fato de serem países ricos pode até ter mitigado alguns dos efeitos do envelhecimento da população por alguns anos, mas, de forma alguma, a riqueza os solucionou por completo ou assegura perspectivas de manutenção do mesmo nível de bem-estar ao futuro.[20] Isso enfraquece bastante o sonho proposto pela ideia em questão de que tudo seria melhor se os países pobres enriquecessem antes de envelhecer.

Pelo contrário, o abismo social nos países do hemisfério norte cresceu junto com a riqueza, principalmente nos

---

[19]ARRETCHE, M. *Trajetória das desigualdades: como o Brasil mudou nos últimos cinquenta anos.* São Paulo: Centro de Estudos da Metrópole/Editora Unesp, 2015, P. 426.
[20]OCDE *Preventing Ageing Unequally.* 2017, Disponível em http://www.oecd-ilibrary.org/employment/preventing-ageing-unequally_9789264279087-en Acesso em 25 de setembro de 2017.

SOB QUAL ECONOMIA OS PAÍSES POBRES ESTÃO ENVELHECENDO? 27

Estados Unidos e na Grã-Bretanha.[21] No primeiro, 60% do crescimento foram absorvidos pelo 1% mais rico entre os anos de 1977 e 2007.[22] Em 2014, o Census Bureau, responsável oficial pelas estatísticas nos Estados Unidos, ainda encontrava 33 milhões de norte-americanos sem nenhuma cobertura de saúde, o que é equivalente a 10% da população. Equacionar os sistemas de saúde, previdência social, educação, moradia, cuidados de longa duração e trabalho depois dos 45, 50, 60 anos são hoje desafios para ricos e pobres, como mostram estudos sociológicos comparativos[23] — sobre o sistema norte-americano.

Até a crise financeira de 2008, os países ricos tiveram maior capacidade orçamentária para enfrentar a dinâmica demográfica.[24] Tal capacidade tem pouco a ver com o fato de serem ricos ou, até mesmo, com o ritmo atual do crescimento econômico. Muito menos ainda com o tamanho da população de cada um, como muitas vezes alguns economistas preferem destacar, esquecendo-se de que a Bélgica e Ruanda têm o mesmo número de habitantes; ou, se preferirem, o Maranhão, onde se registra a pior expectativa de vida no Brasil, e o estado de Santa Catarina, o extremo oposto. Apenas essas parcas comparações derrubam a falácia, tantas vezes repetidas, que os países nórdicos, por

---

[21]PIKETTY, T. *O capital no século XXI*. Rio de Janeiro: Ed. Intrínseca, 2015. PIKETTY, T. É possível salvar a Europa? Rio de Janeiro: Ed. Intrínseca, 2015. STIGLITZ, J. E. *The Price of Inequality, How today's divided society endangers our future*. New York: W.W. Norton & Company, 2012, p. 04.

[22]PIKETTY, T. É possível salvar a Europa? Rio de Janeiro: Ed. Intrínseca, 2015b, p. 15.

[23]GUILLEMARD, A-M. *Le défis du vieillissement, âge, emploi, retraite, perspectives internationales*. Paris: Armand Colin, 2010, pp. 126-128.

[24]STIGLITZ, J.E. *The Price of Inequality, How today's divided society endangers our future*. New York: W.W. Norton & Company, 2012.

ECONOMIA DA LONGEVIDADE

exemplo, resolveram seus problemas porque têm populações menores.

O determinante é o fator histórico.[25] Ele altera completamente a frase usual na discussão, citada no começo do capítulo, e a transforma em uma questão: sob qual economia as populações dos países ricos envelheceram e sob qual economia as dos países pobres estão envelhecendo? A resposta é bastante conhecida, ao menos para os economistas e sociólogos; mesmo assim, é preciso esmiuçá-la.

---

[25]HOBSBAWM, E. *Era do capital*, 1848-1945. São Paulo: Editora Paz e Terra, 1982. JUDT, T. *Pós-guerra, uma história da Europa desde 1945*. Rio de Janeiro: Ed. Objetiva, 2008. SENNETT, R. *A cultura do novo capitalismo*. Rio de Janeiro: Ed. Record, 2008.

O "capitalismo de reconstrução" e seu "seguro coletivo"

Qualquer pessoa [...] que tenha crescido [...] durante o pós-guerra tem bons motivos para ser grato ao Estado previdenciário."

TONY JUDT[1]

Os países ricos envelheceram sob o chamado Estado do Bem-Estar Social. A pujança, obviamente, apoiou-se no "processo de expansão indefinida do papel do Estado e das arrecadações obrigatórias que esteve em curso nos anos 1950-1960".[2] Quase todos atingiram índices de 14% da população com mais de 65 anos[3] durante a segunda metade dos anos 1980 e a primeira década dos anos 2000; portanto, após muito tempo (de quarenta a setenta anos) de vigência da

---

[1]JUDT, T. *Pós-guerra, uma história da Europa desde 1945*. Rio de Janeiro: Ed. Objetiva, 2008, p. 90.

[2]PIKETTY, T. É possível salvar a Europa?. Rio de Janeiro: Ed. Intrínseca, 2015, p. 12.

[3]Nos países ricos, o parâmetro cronológico para a definição de idoso usado pela ONU é de 65 anos, enquanto para os países pobres é de 60 anos. O percentual de 14% de idosos na população é o referencial usado pela ONU para definir uma sociedade como envelhecida.

ECONOMIA DA LONGEVIDADE

economia desenvolvimentista keynesiana do pós-Segunda Guerra Mundial (1939-1945).

Esse arcabouço do conhecido Estado Previdenciário (ou Providência), desenhado na Conferência de Bretton-Woods, em última análise, só começa a ser desmoronado efetivamente no fim do século XX e início do século XXI.[4] Mesmo assim, houve uma resistência tão bem-sucedida por parte da população, dos movimentos sociais e sindicatos que, evidentemente, ainda hoje o *Welfare State* se mantém, a despeito do ataque decorrente da ascensão de novas interpretações econômicas.

O rompimento ocorre, como se sabe, a partir da desvinculação unilateral dos Estados Unidos do sistema monetário internacional, em 1971, e acentua-se depois dos choques do petróleo de 1973 e 1979, como será detalhado mais adiante.

Até então, o "capitalismo de reconstrução", como o define o economista francês Thomas Piketty,[5] nos chamados "Trinta Anos Gloriosos" (1945-1975), ofereceu, de novo nos dizeres do autor, "anos mágicos" para a população dos países do hemisfério norte. A maior característica desse período, do ponto de vista econômico, foi a aposta em uma "sociedade mais bem regulamentada",[6] principalmente a regulamentação do setor financeiro, a qual será explorada melhor mais adiante. Por enquanto, é fundamental destacar que, nas palavras do historiador inglês Tony Judt, colocadas como

---

[4]EICHENGREEN, B. *A globalização do capital, uma história do sistema monetário internacional*, São Paulo, Editora 34, 2000. Sobre a Conferência de Bretton Woods e o embate de John Maynard Keynes para fazer valer suas ideias, ver Eichengreen, 2000, p.p. 131-182.

[5]PIKETTY, T. É possível salvar a Europa?. Rio de Janeiro: Ed. Intrínseca, 2015, p. 13.

[6]JUDT, T. *Pós-guerra, uma história da Europa desde 1945*. Rio de Janeiro: Ed. Objetiva, 2008, p. 83.

O "CAPITALISMO DE RECONSTRUÇÃO" E SEU "SEGURO COLETIVO" 31

epígrafe neste capítulo, "qualquer pessoa [...] que tenha crescido [...] durante o pós-guerra tem bons motivos para ser grato ao Estado previdenciário".[7] Embora uma vasta literatura reporte a construção do chamado Estado Previdenciário, é preciso aqui explorá-lo mais uma vez, usando principalmente o relato de Judt, para destacar sua relação com o envelhecimento populacional. Um parêntese: Judt foi um liberal convicto, e é convocado aqui para mostrar, sobretudo, que existem liberais e (falsos) liberais. Iniciemos pelas origens e suas motivações. A Alemanha no período bismarckiano (1871-1890) inaugurou as bases de um Estado Previdenciário com a criação de um sistema nacional de pensão, de assistência médica e um seguro contra acidentes no trabalho. Outros países, como a Grã-Bretanha e França, seguiram essa tendência e instituíram Ministérios da Saúde em 1919 e 1920, respectivamente, como nos historia Bruno Palier.[8]

O alcance e a qualidade desses sistemas, porém, era limitado. Um dos motivos apontados pelos historiadores é o fato de todo esse aparato social ter sido implantado por governos liberais, logo, com caráter de *benefício* concedido e jamais de *direito*. Otto Von Bismarck (1815-1898), o "mais rude conservador disponível" da época, nas palavras de Eric Hobsbawm,[9] estava muito mais preocupado em impedir o avanço das ideias socialistas na Europa do que com o

---

[7]*Ibid.*, p. 90.
[8]PALIER, B. *La reforme des retraites, travailler plus?*. Paris: Puf, 2003.
PALIER, B. *Gouverner la sécurité sociale*. Paris: Puf, 2002.
[9]HOBSBAWM, E. *Era do capital*, 1848-1945. São Paulo: Editora Paz e Terra, 1982, p. 84.

32 ECONOMIA DA LONGEVIDADE

bem-estar dos trabalhadores[10] e dos idosos. Ao lado dos sistemas nacionais de pensão, implantados em todos os países da Europa (inicialmente na Ocidental, depois na Oriental) entre as duas guerras, o seguro-desemprego obrigatório era o segundo pilar mais importante desse rascunho de uma arquitetura social.[11]

A preocupação maior a justificar essa rede de segurança, sem excluir a transferência direta de renda às famílias[12] (como uma espécie de renda mínima), estava relacionada à política de estímulo à fecundidade que, segundo Judt, era "uma obsessão depois de 1918 devido ao elevado número de baixas populacionais nos combates".[13] Tais sistemas, porém, guardavam particularidades que, como dito, afastavam-nos da condição de direito constitucional, como são vistos hoje em dia nas democracias ocidentais. Até então, esse esboço de sistema de seguridade social era, na verdade, uma colcha de retalhos na qual cada bloco era colado a partir de necessidades detectadas e cujo atendimento estava sujeito à avaliação de *risco político*.

Os programas eram focados, sobretudo, na mão-de-obra ativa, excluindo dessa rede de proteção, por exemplo, as mulheres, pois a participação delas no mercado de trabalho ainda era insignificante. Judt nos lembra que, na

---

[10]ESPING-ANDERSEN, G. *Les Trois Mondes de l'État-previdence*. 2eme edition, Paris: Puf, 2007.

[11]O seguro-desemprego surgiu na Grã-Bretanha, em 1911, depois avançou para a Itália (1919), Áustria (1920), Irlanda (1923), Polônia (1924), Bulgária (1925), Alemanha (1926), Iugoslávia (1926) e Noruega (1938). Ver JUDT, T. *Pós-guerra, uma história da Europa desde 1945*. Rio de Janeiro: Ed. Objetiva, 2008, p. 87.

[12]Inicialmente instituída pela Bélgica em 1930 e logo depois pela França, Hungria e Holanda. *Ibid*.

[13]*Ibid.*, p. 87.

O "CAPITALISMO DE RECONSTRUÇÃO" E SEU "SEGURO COLETIVO" 33

Grã-Bretanha, entre as guerras, a elegibilidade para o seguro-desemprego dependia de "Teste de Meios", ou seja, comprovação de "pobreza absoluta" (Lei dos Desvalidos), que remetia à Lei dos Pobres[14] do século XIX.[15] A mesma herança de seletividade era observada nos sistemas de aposentadoria estruturados para atender a interesses do Estado sob determinadas categorias profissionais, como os militares, ou da iniciativa privada, com os gestores do chão de fábrica, ou ainda, classes sociais com acessos a benesses estatais.[16]

No romance *Os demônios*, a única obra concebida por Fiódor Dostoiévski com fins assumidamente panfletários, o autor russo ilustra bem essa realidade do fim do século XIX, e que invade o início do século XX. O personagem Piotr Stiepánovitch usa o "demônio da ironia" para referir-se à condição do "vigarista" Lebiádkin quando, diante de um grupo, para desmoralizá-lo, faz escárnio com sua condição de aposentado. "Senhor funcionário aposentado do antigo serviço de provisões", diz Stiepánovitch, para contar, em seguida, que a sinecura foi obtida, embora o beneficiário tivesse conhecida vida "*burlesque*" e torrasse em

---

[14]A Lei dos Pobres surgiu em 1601, em 19 de dezembro, pelas mãos da rainha Eizabeth I (1533-1603) com quatro princípios: a) obrigação de socorro aos necessitados; b) a assistência pelo trabalho; c) o imposto cobrado para o socorro aos pobres; d) a responsabilidade das paróquias pela assistência de socorros e de trabalho. Em 1834, a lei passou por reformulação, adequando-a a exigências da burguesia, com forte repressão sobre os pobres considerados aptos para o trabalho pela Comissão Real para a Lei dos Pobres. Ver: ENGELS, F. *A situação da classe trabalhadora na Inglaterra*, São Paulo, Boitempo Editoral, 2010, p. 61.
[15]JUDT, T. *Pós-guerra, uma história da Europa desde 1945*. Rio de Janeiro: Ed. Objetiva, 2008, p. 87.
[16]PALIER, B. *La reforme des retraites, travailler plus?*. Paris: Puf, 2003, p. 12.

34 ECONOMIA DA LONGEVIDADE

bebidas o pouco que ganhava, pois sempre "desdenhava de qualquer ocupação".[17]

O autor ilustra como o sistema, portanto, privilegiava aqueles com acesso à burocracia estatal por canais ilegais ou por apanágio. O uso da ironia para referir-se à aposentadoria nessas condições está longe de ser gratuito. Marshall Berman[18] nos lembra que Kierkegaard — segundo ele, um grande modernista e antimodernista — afirmou que a mais profunda seriedade moderna deva expressar-se através da ironia. A ironia moderna se insinua em muitas das grandes obras de arte e pensamento do século XIX; ao mesmo tempo, ela se dissemina por milhões de pessoas comuns em sua existência cotidiana. Em outras palavras, a ironia está a serviço da verdade que deve ser dita.

A consciência de o Estado ser o responsável por (e ter a obrigação de) oferecer um conjunto de serviços a *todos* os cidadãos, isto é, o sentido de *universalidade*, surgiu com a Segunda Guerra (SG). Inválidos, viúvas, órfãos, desempregados e a certeza keynesiana de que somente o socorro estatal seria capaz de devolver o mundo ao caminho da retomada econômica em meio a uma Europa completamente destruída, transformaram o papel do Estado[19] no pós-SG. No início

---

[17]DOSTOIÉVSKI, F. *Os demônios*. Tradução de Paulo Bezerra. São Paulo: Editora 34, 2004, p. 190.

[18]BERMAN, M. *Tudo que é sólido desmancha no ar, a aventura da modernidade*. São Paulo: Companhia das Letras, 1986, p. 13.

[19]Um rápido resumo desta destruição pode ser relembrado com alguns dados do livro de Judt. (Ver: JUDT, T. *Pós-guerra, uma história da Europa desde 1945*. Rio de Janeiro: Ed. Objetiva, 2008). Em fevereiro de 1946, por exemplo, no subúrbio de Treptow, em Berlim, entre os habitantes de 19 a 21 anos, havia 181 homens para 1.105 mulheres (p. 33). Estima-se que cerca de 36,5 milhões (o equivalente a toda a população da França na época) de europeus morreram entre 1939 e 1945 de causas diretamente

O "CAPITALISMO DE RECONSTRUÇÃO" E SEU "SEGURO COLETIVO" 35

dos anos 1950, quase todos os países europeus já haviam construído um modelo próprio de Estado Previdenciário ou *Welfare State*. O que significava isso, afinal? Dito de outro modo, o que era, naquele momento da História, "ficar rico"? Considera-se que, ao propagar sentença tão taxativa, como a que se quer contestar aqui, é necessário esclarecer os detalhes do impacto deste conceito na vida das pessoas.

Uma resposta bastante resumida poderia ser a garantia, pelo Estado, de provisão de serviços sociais. A resposta suscita uma nova pergunta: em quais serviços consistiria um Estado de Bem-estar Social ou justificaria esse modelo ser chamado assim? A princípio, Saúde, Educação e Moradia, além dos sistemas de aposentadoria e seguro-desemprego pré-existentes ou ampliados. O sistema *universal* de previdência assume o protagonismo por seu caráter inerente de "distribuidor de renda".[20] Aos poucos, em grande variação de intensidade, cada estado modulou a oferta desses serviços. Portanto, o Estado Previdenciário, é importante que se diga, ao contrário de como costuma ser compreendido pelo senso comum, foi muito além da previdência.

Por meio de subsídios estatais, ele abarcou (e fomentou) o transporte coletivo, as áreas públicas de recreação — situadas

---

relacionadas com a guerra (p.31). Em Viena, no ano de 1945, a mortalidade infantil foi quatro vezes maior que em 1938 (p. 36). A infraestrutura no Oeste Europeu estava seriamente avariada, das 12 mil locomotivas francesas restaram apenas 2.800 e somente em 1944 e 1945, a França perdeu 500 mil residências (p. 30 e 31). Havia ainda a crise dos refugiados. Se na I GM, lembra Judt, o deslocamento foi de fronteiras, na II GM, foi de pessoas. Em 1951, ainda restavam 177 mil pessoas em acampamentos de deslocados da guerra na Europa, a maioria idosos e doentes, "porque ninguém queria aceitá-los" (p.46). Nenhum país aceitava idosos, órfãos ou mães solteiras como imigrantes no pós-guerra (p.45).
[20]*Ibid.*, p. 88.

36 ECONOMIA DA LONGEVIDADE

principalmente nos subúrbios para garantir lazer aos mais necessitados — e a arte e a cultura. Na Europa, principalmente, o Estado do Bem-Estar disfarçou-se em toda uma política distributiva por meio de "robustos subsídios agrícolas".[21] Além de uma graduação, o que diferenciava estes sistemas em cada país era a forma de custeio dos serviços, como será visto. Esses modelos variados foram consequência da tradição política e ideológica nas sociedades europeias.

O novo papel do Estado resultou da formação de um consenso na Europa em torno da substituição do "Estado guardião", excessivamente restrito às atribuições de segurança, por um "Estado interventor", capaz de impedir o autoritarismo por meio de políticas de *planejamento*.

Esse planejamento, porém, é totalmente distinto do modelo soviético. Tratar-se-ia, agora, de ajustar desequilíbrios, eliminar ineficiências, compensar a desigualdade social e as injustiças — ou "falhas de mercado", como crê a economia neoclássica *mainstream*.

O consenso implicava o diagnóstico segundo o qual o capitalismo *laissez-faire*, mantido mesmo depois da Primeira Guerra Mundial, debaixo de críticas do então jovem economista John Maynard Keynes,[22] levara o mundo à Grande

---

[21] JUDT, T. *Pós-guerra, uma história da Europa desde 1945*. Rio de Janeiro: Ed. Objetiva, 2008, p. 87.

[22] Logo após a Primeira Guerra Mundial, o jovem economista Keynes tentou impor suas políticas desenvolvimentistas e foi ignorado pelo *mainstream* econômico. Suas ideias só se estabeleceram em Bretton Woods em 1944. Keynes, como se sabe, resumiu essas ideias rechaçadas em 1919 no livro *"As consequências econômicas da paz"*. A explicação de Judt (2008, p. 79-80) pode ser útil para entender o momento: "Durante a maioria dos anos do período entre as guerras, indivíduos que aspiravam à condição de planejadores (e os apoiavam) padeceram de frustração à margem da política. A geração de políticos mais velhos não lhes dava ouvidos: para muitos

O "CAPITALISMO DE RECONSTRUÇÃO" E SEU "SEGURO COLETIVO" 37

Depressão depois do *crash* da Bolsa de Nova York, em 1929, ao desemprego, ao autoritarismo e à nova guerra. Durante esse período, os economistas planejadores (mais tarde seriam chamados "keynesianos") amargaram uma frustração e tanto. No pós-SG, porém, o *planejamento* tornou-se "a religião política da Europa" e a intervenção na Economia já não era mais vista como algo detestável, pois "se a democracia haveria de funcionar, se a democracia haveria de recuperar o seu apelo, precisava ser *planejada*".[23]

O *planejamento* transformou-se em *confiança* no Estado. Nas palavras de Judt, formara-se o consenso de que "somente o Estado impediria o indivíduo de cair na miséria".[24] Era o momento de cidades bem construídas, bem planejadas, incluindo parques, campos para práticas esportivas, moradias, escolas, fábricas e lojas. Havia uma crença de que "o governo" reunia capacidade para resolver problemas complexos através da mobilização e do direcionamento

---

integrantes da direita conservadora e do centro, intervenção na economia era algo detestável, ao passo que na esquerda socialista prevalecia a crença de que somente uma sociedade pós-revolucionária poderia planejar racionalmente seus interesses econômicos. Enquanto isso não ocorresse, o capitalismo estaria condenado a sofrer e, finalmente, ruir, em consequência de suas próprias contradições. A ideia de que alguém pudesse "planejar" uma economia capitalista parecia, para ambos os lados, uma insensatez. Os frustrados defensores do planejamento econômico, por conseguinte; viam-se frequentemente atraídos por partidos autoritários da extrema direita, nitidamente mais favoráveis à abordagem dos planejadores."

[23]JUDT, T. *Pós-guerra, uma história da Europa desde 1945*. Rio de Janeiro: Ed. Objetiva, 2008, p. 81.

[24]*Ibid.*, p. 83.

A título de ilustração, Judt cita o que o historiador inglês A. J. P. Taylor disse a ouvintes da BBC em novembro de 1945: "Ninguém na Europa acredita no estilo de vida norte-americano, isto é, na iniciativa privada, ou melhor, os que acreditam formam um partido derrotado que parece não ter mais futuro na Inglaterra do que os jacobitas depois de 1688."

de pessoas e recursos para empreendimentos de proveito *universal*.

O sociólogo polonês Zygmunt Bauman (1925-2017) lembra que o Estado do Bem-Estar foi concebido a fim de reabilitar os temporariamente inaptos e estimular os que estavam aptos a se empenhar ainda mais, e destaca que, longe de ser caridade, era uma forma de "seguro coletivo" em nome da paz.[25] Este é um ponto importante ao qual retornaremos à frente.

Judt destaca que esta era a visão até mesmo de democratas cristãos então emergentes em todo o Oeste Europeu e de outras correntes muito além da socialista. David Harvey explica que era difícil para capitalistas e trabalhadores recusar racionalizações que melhorassem a eficiência numa época de total esforço de guerra. "Além disso, as confusões entre práticas ideológicas e intelectuais complicavam as coisas. A direita e a esquerda desenvolveram sua própria versão de *planejamento* estatal racionalizado [...] como solução para os males a que o capitalismo estava tão claramente exposto, em particular na situação dos anos 1930."[26]

Esse ambiente facilitou a tomada do "alto comando" da Economia em lugares como, por exemplo, a Grã-Bretanha, berço do liberalismo, ou a Itália, onde o fascismo fora derrotado, mas sua herança estatal permaneceu intacta, e a Alemanha e a Holanda, onde a iniciativa privada estava rigidamente regulada por normas preditivas e prescritivas das condições de trabalho e distribuição do excedente.

---

[25]BAUMAN, Z. *O mal-estar da pós-modernidade*. Rio de Janeiro: Jorge Zahar Editor, 1998, p. 51.
[26]HARVEY, D. *Condição pós-moderna*. São Paulo: Edições Loyola, 24ª edição, 2013, p. 123.

O "CAPITALISMO DE RECONSTRUÇÃO" E SEU "SEGURO COLETIVO" 39

O setor público, assim, cresceu rapidamente na Europa Ocidental, tanto em número de funcionários quanto em gastos do governo. Um ano depois do fim da guerra, em maio de 1946, um quinto de toda a capacidade industrial da França pertencia ao Estado,[27] o que colocou o país como o único exemplo de resultados concretos do *planejamento*, consequência do *Plan de Modernisation et d'Équipement*, de Jean Monnet (1888-1979), o ministro da Economia de Charles De Gaulle (1890-1970).

O Plano Monnet, como entrou para a história, nacionalizou (ou estatizou) o transporte aéreo, bancos, 32 companhias seguradoras, serviços públicos essenciais, minas, fábricas de munição, o grande complexo industrial da Renault (por seu proprietário ter sido condenado por colaborar financeiramente com o governo nazista alemão) e, segundo Judt, construiu consenso por meio de sanções governamentais favorecidas por certa cultura política inclinada a decisões autoritárias.[28] Sob a chancela do Plano Monnet, semente do Plano Marshall (a ajuda norte-americana, a qual será vista adiante), a França foi o primeiro país ocidental a se comprometer inteiramente com o crescimento econômico.[29]

---

[27] JUDT, T. *Pós-guerra, uma história da Europa desde 1945*. Rio de Janeiro: Ed. Objetiva, 2008, p. 84.
[28] *Ibid.*
[29] Judt, como citado anteriormente, preocupa-se em destacar que esse tipo de planejamento francês em nada tem a ver com o planejamento soviético do governo bolchevique. Este estabelecia metas de produção arbitrárias e rígidas, setor por setor, mercadoria por mercadoria. Não é isso que se está falando no caso francês. O Plano Monnet restringia-se a prover o governo de uma estratégia e de alavancas para estimular, ativamente, a realização de objetivos prioritários, o que o tornou uma iniciativa sumamente original, nas palavras de Judt (*Ibid.*, p. 85).

40 ECONOMIA DA LONGEVIDADE

Em síntese, o *planejamento* governamental consistia em escolhas difíceis de alocação de recursos escassos pelo setor público e, acima de tudo, de quem seriam os beneficiários desses investimentos em todos os setores. No Leste Europeu, esses recursos foram destinados à infraestrutura básica (rodovias, ferrovias, fábricas, serviços públicos essenciais, como saneamento, por exemplo), sacrificando, por outro lado, pelo menos inicialmente, moradia, saúde, educação, assistência social e, principalmente, bens de consumo considerados supérfluos. Não surpreende, portanto, sublinha Judt, o fato de a privação material e a pavorosa carência ter servido de tapete vermelho para a marcha de governos autoritários e Estados opressores naquela região.[30]

Na Europa Ocidental, todavia, a diferença foi pequena. Os anos de recuperação na Grã-Bretanha impuseram uma política de austeridade fiscal[31], assim como na França o destino dos recursos deu prioridade a grandes indústrias de setores específicos com o intuito de formar um mercado de capitais que pudesse fomentar as exportações. Em uma

---

[30]*Ibid.*

[31]Conta Judt: "Nas eleições de 1945, pela primeira vez na História, o Partido Trabalhista obteve ampla maioria no Parlamento e [...] fez avançar uma vasta gama de nacionalizações e reformas sociais, culminando com a implantação do primeiro Estado previdenciário do mundo. [...] Foi um tempo de austeridade. Com o intuito de aumentar os níveis de exportação do país (e assim obter moeda estrangeira), quase tudo era racionado ou, simplesmente, indisponível: carne, açúcar, roupas, carros, gasolina, viagens internacionais, até doces. O racionamento de pão, jamais imposto durante a guerra, foi introduzido em 1946 e somente abandonado em julho de 1948. Em 5 de novembro, o governo comemorou, com alarde, o 'fim das restrições'; mas com o aperto do cinto causado pela Guerra da Coréia, muitas daquelas mesmas restrições tiveram que ser reinstituídas, e o racionamento básico de comida só acabou na Grã-Bretanha em 1954 – muito depois do restante da Europa Ocidental." (*Ibid.*, p. 174-176).

O "CAPITALISMO DE RECONSTRUÇÃO" E SEU "SEGURO COLETIVO" 41

palavra: emprego. O Plano Monnet, nos dois primeiros anos do pós-guerra, negligenciou o consumo doméstico, a habitação e os serviços, e pagou o preço com a ascensão do Partido Comunista — e diversas greves subsequentes. Algo similar se repetiu na Itália. É relevante essa questão para demonstrar que o desenvolvimentismo, em particular o keynesianismo, em termos históricos, respeitou critérios fiscais, de certa maneira, ao contrário de procurar propagar a retórica econômica atual de que os heterodoxos são contumazes gastadores e "endividadores" do setor público, sem critérios. Mas exploraremos estas questões logo mais.

A construção do Estado Previdenciário — mais uma vez destaca-se aqui o seu caráter de *processo* transcorrido por vários anos — mitigou os efeitos sociais no longo prazo. Afinal, havia consenso de que o custo social e político entre 1919 e 1939, com a Grande Depressão no meio, suscitou polarização política e desembocou na SG. Diz Judt: "Tanto o fascismo quanto o comunismo prosperaram com o desespero social, com o abismo entre ricos e pobres."[32] Portanto, este deveria ser o objetivo da política econômica, acima de qualquer outro: evitar a ascensão de políticos radicais ou populistas. A atual geração de idosos europeus envelheceu com essa certeza.

O Estado Previdenciário, obviamente, foi custoso. Se pôde satisfazer a todas as exigências da conjuntura econômica do pós-guerra, trata-se de outra questão. Cada um dos três modelos clássicos cristalizados na literatura (bismarckiano/continental, liberal/anglo-saxão e socialdemocrata/escandinavo, os dois últimos baseados nas propostas do famoso

---

[32] *Ibid.*, p. 86.

42 ECONOMIA DA LONGEVIDADE

relatório de William Beveridge, de 1942)[33] atendeu à urgência de cada país e, o que interessa mais aqui, proporcionou condições para um envelhecimento satisfatório, pois, nas palavras de Judt, graças ao surgimento de Estados previdenciários, os europeus, mais do que nunca, passaram a se alimentar mais e (de modo geral) melhor, a viver mais e com mais saúde, a residir em casas melhores e a se vestir melhor. Acima de tudo, sentiam-se mais seguros.

Não é por acaso que, quando perguntados sobre o que pensam dos serviços públicos, os europeus quase sempre apontam em primeiro lugar o esquema de cobertura de seguro e pensão que o Estado lhes proporcionou no pós-guerra. Até na Suíça, país que, segundo os padrões previdenciários europeus, é deficiente em cobertura, a Lei Federal de Previdência da Terceira Idade e dos Sobreviventes, promulgada em dezembro de 1948, é considerada por muitos cidadãos um dos grandes feitos do país.[34]

Desnecessário, por ampla literatura cumprir esta tarefa, detalhar cada um dos três tipos clássicos de Estado Previdenciário. Na intenção de fornecer dados para uma comparação entre o processo de envelhecimento de países pobres e ricos, no entanto, considera-se ilustrativo sublinhar apenas diferenças importantes nos esquemas de custeio para

---

[33]Para esses modelos, ver GUILLEMARD, A-M. *Le défis du vieillissement, âge, emploi, retraite, perspectives internationales*. Paris: Armand Colin, 2010, p. 106; ESPING-ANDERSEN, G. *Les Trois Mondes de l'État-previdence*. Paris: Puf, 2007, 2a. edition. Sobre o relatório Beveridge, ele era baseado nos seguintes pilares: saúde e previdência, meta de pleno emprego e transferência direta de renda às famílias necessitadas, ver JUDT, T. *Pós-guerra, uma história da Europa desde 1945*. Rio de Janeiro: Ed. Objetiva, 2008 p. 89.
[34]JUDT, T. *Pós-guerra, uma história da Europa desde 1945*. Rio de Janeiro: Ed. Objetiva, 2008, p. 90.

O "CAPITALISMO DE RECONSTRUÇÃO" E SEU "SEGURO COLETIVO" 43

as inúmeras coberturas do "risco velhice" pelo setor público. Mais uma vez, recorreremos a Judt. Como ele explica, alguns países captavam receita por intermédio da arrecadação de impostos e ofereciam assistência e serviços gratuitos ou amplamente subsidiados — era esse o sistema escolhido na Grã-Bretanha, onde o esquema refletia a preferência de então por monopólios estatais.

Em outros países, continua o historiador, cidadãos recebiam benefícios em espécie (cash), de acordo com critérios de elegibilidade determinados a partir de parâmetros sociais (transferência direta de renda ou renda mínima), ficando os beneficiários livres para escolher os serviços que pretendessem adquirir. Na França e em alguns países menores, cidadãos pagavam por determinados tipos de serviços médicos, por exemplo, mas depois o Estado lhes ressarcia boa parte das despesas.[35]

Outro ponto relevante é que muitos países adotaram essa política mesmo ainda em fase de recuperação econômica, depois da queda sofrida nos anos 1930 e dos impactos financeiros da guerra. Foi o caso da própria França, o primeiro país europeu a se aproximar do envelhecimento populacional. Coincidência? Em 1938, relata Judt, o país destinava apenas 5% do Produto Interno Bruto (PIB) aos serviços sociais; em 1949 consignava a essa rubrica quase o dobro, 8,2%. Na Grã-Bretanha, já em 1949, quase 17% da totalidade dos gastos públicos ficavam por conta da previdência social, um aumento de 50% em relação ao nível registrado em 1938. Isso ocorreu num momento em que o governo procurava evitar custos elevados com previdência social, desviando recursos

---

[35]*Ibid.*, p. 88-87.

ECONOMIA DA LONGEVIDADE

e benefícios para o setor privado ou para o local de trabalho. O percentual de despesas do governo britânico com serviços sociais em relação ao PIB subiu de 3,3%, em 1938, para 5,2%, em 1949.[36] É preciso repetir: a construção desse arcabouço social tinha como alvo, em primeiro lugar, esse "seguro coletivo"; por causa da coesão social rompida com a guerra, portanto, o alvo era a paz. E de onde ela viria? A resposta era consensual: do pleno emprego. Esta era a premissa que servia de base para tudo porque, em último estágio, garantiria o bom envelhecimento, até então atributo apenas de alguns poucos sob os benefícios seletivos do sistema anterior à SG. Por isso, a desmoralização do discurso liberal dominante no entreguerras, baseado em pilares como meritocracia, motivações individuais que se constituiriam em benefícios coletivos, entre outros argumentos contrários ao papel do Estado, deu justificativa à adoção do *planejamento* — mesmo em tempos de escassez.

Por que os europeus estavam dispostos a pagar tanto por seguro e outros itens previdenciários numa época em que a vida era tão difícil e as carências materiais tão endêmicas? — pergunta-se Judt. A primeira razão é, *precisamente* [grifo do autor], porque os tempos eram difíceis, os sistemas previdenciários no pós-guerra garantiriam o mínimo de justiça. O cenário não configurava a revolução espiritual e social sonhada por muitos integrantes da Resistência durante a guerra, mas "era o começo de um distanciamento em relação à desesperança e ao *cinismo* dos anos que antecederam o conflito".[37]

---

[36]*Ibid.*, p. 90.
[37]*Ibid.*

Os Estados previdenciários do oeste europeu, como destaca o autor, não tinham tendências desagregadoras, ou seja, prezavam a coesão social por meio da redistribuição de riqueza (alguns mais que outros), sem que essa tivesse, entretanto, que se dar por meios revolucionários de caráter socialista. O Estado do Bem-Estar Social, portanto, atendia parcialmente a esta "revolução espiritual" do capitalismo tão almejada pelos *planejadores*. Não havia um caráter de construí-lo para "explorar os ricos".[38] Segundo Judt, ao contrário. Embora as maiores vantagens imediatas tenham sido colhidas pelos mais pobres, em longo prazo foram os integrantes da classe média profissional e comercial os verdadeiros beneficiários, pois antes da SG a cobertura de serviços os excluía e estes só podiam obtê-la no setor privado. Esse fornecimento de saúde, educação, transporte coletivo — o famoso lema de que o Estado ampara "do berço ao túmulo" — ampliou a capacidade de poupança para a velhice dessa geração de profissionais administrativos, assalariados e profissionais liberais, mesmo em países maiores em população e pobres comparativamente, como a Itália.[39] Isso facilitou essa inédita *coalisão de classes* na história do capitalismo mundial. José Luis Fiori faz importante observação sobre o período: "Foi uma espécie de movimento autocrítico e pragmático do próprio liberalismo que esteve na origem do desenvolvimentismo, nada tendo a ver, portanto, com o marxismo ou o esquerdismo como alguns parecem acreditar hoje em dia".[40]

---

[38] *Ibid.*
[39] *Ibid.*, p. 91.
[40] FIORI, J. L. As trajetórias intelectuais do debate sobre desenvolvimento na América Latina In: BRANDÃO, C. A. (org.) *Teorias e políticas do desenvolvimento latino-americano*. Rio de Janeiro: Centro Internacional Celso Furtado de Políticas para o Desenvolvimento e Editora Contraponto, 2018.

ECONOMIA DA LONGEVIDADE

Neste ponto, a sentença original deste capítulo transforma-se em uma segunda questão: como, afinal, os países ricos ficaram ricos ou permaneceram ricos depois da guerra? Apenas a industrialização precoce seria resposta satisfatória? É preciso "enigmatizar" novamente esta percepção porque, observa Judt, hoje em dia, "muitos observadores mostram-se inclinados a ver a estatização e a dependência do Estado como o grande problema europeu, e consideram a 'salvação que vem de cima' a grande ilusão da atualidade. Para a geração de 1945, um equilíbrio praticável entre liberdades políticas e a função distributiva racional e correta do Estado gestor constituía a rota exclusiva para sair do abismo".[41]

Poder-se-ia dizer que se vivia uma fase "pós-ideológica", onde prevaleceu uma "visão coletiva pragmática".[42] O resultante foi uma distribuição de renda e riqueza, seja pela destruição de capital fixo ocorrida durante a SG, como assinala Piketty,[43] seja por meio do Estado previdenciário com a derrubada de tabus econômicos e sociais em nome da retomada. Um desses tabus é a reforma agrária patrocinada em vários países europeus como parte dessa construção. A maioria "arrasadora" da população predominantemente rural da Europa sobrevivia em condição de penúria e endividamento.[44]

Por razões políticas, diz Judt, os camponeses eram frequentemente excluídos da previdência social e dos esquemas

---

p. 20. Disponível em: *http://www.cadernosdodesenvolvimento.org.br/ojs-2.4.8/index.php/cdes/article/view/372*, acessado em 31 de agosto de 2019.
[41] JUDT, T. *Pós-guerra, uma história da Europa desde 1945*. Rio de Janeiro: Ed. Objetiva, 2008, p. 91.
[42] *Ibid.*, p. 96.
[43] PIKETTY, T. *O capital no século XXI*. Rio de Janeiro: Ed. Intrínseca, 2015.
[44] JUDT, T. *Pós-guerra, uma história da Europa desde 1945*. Rio de Janeiro: Ed. Objetiva, 2008, p. 91.

O "CAPITALISMO DE RECONSTRUÇÃO" E SEU "SEGURO COLETIVO" 47

de pensão. Bismarck havia criado o primeiro sistema de aposentadoria rural em 1899; no entanto, a cobertura era precária e os benefícios, irrisórios.[45] O passado ainda pesava sobre os camponeses do continente. Grandes extensões de terras mais férteis e, mais ainda, de pastos continuavam nas mãos de poucos latifundiários, muitas vezes ausentes, em muitos casos irredutivelmente contrários a qualquer melhoria das condições da terra, dos arrendatários e dos lavradores.

Na década de 1930, essa situação agrava-se com a deterioração dos *termos de troca*[46] e muitos migram aos Estados Unidos e à América do Sul. As primeiras tentativas de reforma agrária fracassaram em poucos anos. No sul da Itália, as terras distribuídas eram inadequadas ao plantio. No Leste Europeu, as terras distribuídas logo foram confiscadas pelo avanço comunista. No entanto, todo o processo colocou em evidência a situação do trabalhador rural. A curto prazo, serviu para quebrar aquele "cinismo" do discurso liberal que, logo acima, Judt nos deu notícia.

Foram feitos investimentos estatais em pequenas propriedades, concedidos subsídios, linhas de crédito inovadoras por bancos rurais recém-criados garantidas por valor mínimo na compra da produção. Apesar dessas iniciativas, o problema no campo foi equacionado mesmo pela demanda sem precedentes de mão de obra nas cidades, absorvendo, assim, o excedente das zonas rurais empobrecidas

---

[45]PALIER, B. *La reforme des retraites, travailler plus?*. Paris: Puf, 2003, p. 13.

[46]São as relações de troca ou poder relativo de um país no comércio exterior definido pelo tipo de produtos que exporta e importa. Se ocorrer aumento dos produtos exportados ou esses são mais valorizados, diz-se que houve melhora nos termos de troca.

48 ECONOMIA DA LONGEVIDADE

e deixando a população agrícola com menos bocas para alimentar[47] e maiores chances de melhorar de vida. Esse processo iniciou-se ainda antes dos tempos de paz. A própria guerra, como se sabe, serviu como fator de enriquecimento para alguns países.

Suíça e Suécia enriqueceram durante o conflito mundial com uma "neutralidade" a serviço da Alemanha, por exemplo, exigindo a identificação de judeus nos passaportes, entre outras artimanhas. Antes da guerra, esses países tinham regiões marcantes de pobreza rural. Outras nações mantiveram uma tradição de exploração de suas colônias e, nos anos de guerra, colocaram esses territórios a serviço da Alemanha nazista, como Portugal, que usava portos sob seu domínio para transportar tungstênio para Berlim. O uso das colônias, seja de forma estratégica, seja usurpando as riquezas propriamente ditas, foi fundamental para esses países acumularem mais recursos para construir um Estado de Bem-Estar Social depois de 1945.[48]

O estigma da dependência do Estado

Os planejadores, ao adotar esses diversos e amplos tipos de cobertura, vislumbravam também apagar o *estigma social* sobre aqueles que dependiam do Estado para a sobrevivência básica. Os "Testes de Meios", criados no século XIX amalgamados ao discurso liberal, colavam nos necessitados de ajuda estatal o rótulo de inúteis por incapacidade, desleixo, vagabundagem ou velhice. Era preciso acabar com aquele caráter

---

[47] JUDT, T. *Pós-guerra, uma história da Europa desde 1945*. Rio de Janeiro: Ed. Objetiva, 2008, p. 93.
[48] *Ibid.*, p. 98.

O "CAPITALISMO DE RECONSTRUÇÃO" E SEU "SEGURO COLETIVO" 49

de "caridade" citado por Bauman. Uma seguridade social regulamentada e universal (ou mais próxima possível à universalidade) propiciou e estimulou a classe média a perder a vergonha de usufruir de benefícios ou direitos, fomentando, assim, um mercado interno, em médio prazo, composto por homens trabalhadores e também por idosos aposentados e, a grande novidade, mulheres — afinal, pela primeira vez, mulheres que não trabalhavam fora e que não dispunham de seguro particular de saúde obtiveram cobertura.

A humilhação e a dependência social da antiga Lei dos Desvalidos e sua prova de indisponibilidade de recursos financeiros chegaram ao fim; nas ocasiões (supostamente raras) em que precisasse de assistência pública, o cidadão ou a cidadã do Estado previdenciário teria agora pleno direito ao auxílio solicitado. Serviços médicos e dentários eram oferecidos gratuitamente, o pagamento de pensão tornou-se universal e um auxílio financeiro às famílias (na base de 5 xelins [25 pences] por semana para cada filho, a partir do segundo) foi introduzido. O principal projeto de lei encaminhado pelo Parlamento (britânico) a respeito desses programas recebeu sanção real em novembro de 1946, e a Lei do Serviço Nacional de Saúde (NHS) — que é o pilar do sistema previdenciário — foi ratificada em 5 de julho de 1948.[49]

Como se percebe, a construção do Estado do Bem-Estar Social andou em paralelo com a preocupação demográfica (a taxa de fecundidade). Essa intersecção será explorada mais adiante. Por ora, é preciso antes debruçar-se sobre um segmento fundamental para os *planejadores* ao tecermos esta rede social do pós-SG: a habitação. Este item também guarda

---

[49]*Ibid.*, p. 89.

50 ECONOMIA DA LONGEVIDADE

uma correlação próxima com o envelhecimento populacional e com o enriquecimento dos países do hemisfério norte. O impacto econômico mais óbvio da guerra, testemunhado por amplo material fotográfico, foi a oferta de habitação em meio à destruição em massa de várias cidades europeias.

A destruição, no entanto, estava mais concentrada nas casas da população civil do que nas plantas industriais. Alguns países saíram da guerra mais industrializados do que entraram, como Hungria e Eslováquia.[50] Assim, o setor imobiliário ganhou prioridade no esforço de reconstrução. Era preciso, portanto, inclusive para a Alemanha, reerguer casas (de operários), bem como linhas de transportes públicos para as fábricas voltarem imediatamente a produzir. Na fábrica da Volkswagen, 91% da maquinaria tinham sobrevivido aos bombardeios e aos saques. Em 1948, a montadora já fabricava um em cada dois carros da Alemanha Ocidental. A Ford praticamente quase saiu da SG imune em danos materiais.[51]

A emergência de reconstrução, portanto, acabou por impulsionar o setor imobiliário e abriu facilidades para a provisão pública de *habitação social*, a qual se tornou um dos pilares da construção de uma política de bem-estar na Europa, um pacto redistributivo entre capital e trabalho a sustentar décadas de crescimento econômico.[52] Segundo Judt, 3,5 milhões de residências na área metropolitana de Londres foram destruídas na SG, um número superior ao do Grande Incêndio de 1666.[53] De acordo com Raquel

---

[50]*Ibid.*, p. 75.

[51]*Ibid.*, p. 100.

[52]ROLNIK, R. *Guerra dos lugares, a colonização da terra e da moradia na era das finanças*. São Paulo: Boitempo, 2015., p. 35.

[53]JUDT, T. *Pós-guerra, uma história da Europa desde 1945*. Rio de Janeiro: Ed. Objetiva, 2008, p. 96.

O "CAPITALISMO DE RECONSTRUÇÃO" E SEU "SEGURO COLETIVO" 51

Rolnik,[54] 5,5 milhões de unidades de habitação social foram construídas no Reino Unido e na Irlanda entre o fim da guerra e 1981. Grande parte dos idosos europeus de hoje foi beneficiada pela habitação social direta ou indiretamente. Conta Rolnik[55] que, em 1942, o relatório do Inter-Departmental Commitee on Social Insurance and Allied Services [Comitê Interdepartamental para Serviços de Seguridade Social e Afins] incluiu uma série de medidas para lidar com a pobreza extrema. O texto defendeu o Estado como provedor de moradia adequada a doentes, desempregados, aposentados e viúvos. O desdobramento dessa iniciativa foi a Lei de Assistência Nacional, de 1948, que estabelecia a base para a rede de segurança social, a qual incluiu auxílios à moradia adequada. A municipalidade era obrigada a oferecer acomodação apropriada àqueles incapazes de sustentar a si próprios. De acordo com Rolnik, mais de um milhão de novas casas foram construídas até 1950 (metade delas era *council housing*, conjuntos habitacionais públicos construídos pelas prefeituras). No fim dos anos 1960, o projeto chegou ao auge de 300 mil unidades construídas por ano. Conclui ela: "Mesmo em tempos de restrições econômicas, como foi o imediato pós-guerra, aumentar o estoque de moradia social era uma prioridade."[56]

Essa política habitacional deu ao modelo de *council housing* o status de principal provedor de moradias entre os anos de 1940 e 1970 para as famílias de média e baixa rendas da classe trabalhadora do Reino Unido. Nos Estados Unidos, a crise

---

[54]ROLNIK, R. *Guerra dos lugares, a colonização da terra e da moradia na era das finanças*. São Paulo: Boitempo, 2015., p. 43-44.
[55]*Ibid.*
[56]*Ibid.*

dos anos 1930 obrigou a um redesenho do setor de habitação. Há registro de mais de 250 mil execuções hipotecárias residenciais por ano após o estouro da bolha de 1929.[57] Essa calamidade levou à intervenção federal no setor em 1937 com a Lei Wagner-Steagall de Habitação, sob a qual o governo custeava, construía e tornava-se proprietário de moradias para aluguel subsidiado aos pobres. Em plena recessão, o crédito subsidiado e as isenções fiscais eram justificadas pela necessidade de se criar empregos e melhorar a situação de vida dos moradores das *slums* (habitações precárias).

De acordo com Rolnik, essa política norte-americana redesenhou as cidades, pois produziu conjuntos habitacionais públicos (*housing projects*) nas áreas mais centrais e as casas da classe média, construídas por meio de crédito facilitado, foram para os subúrbios de baixa densidade populacional. No pós-SG, o perfil dos moradores desses conjuntos era basicamente formado por uma classe operária branca (*working poor*). É o caso do *Cabrini Green*, em Chicago, como conta um de seus moradores, o sociólogo Richard Sennett:

> No início do século passado, americanos negros e pobres começaram a fugir da servidão do sul rural, mudando-se para cidades do norte. Quando começou a Segunda Guerra Mundial, essa maré de migrantes engrossou; mulheres e homens negros encontraram trabalho industrial nas fábricas da guerra, que proporcionavam às mulheres uma alternativa ao serviço doméstico. Em Chicago, minha cidade natal, os brancos não eram mais favoráveis aos negros do que no sul; o aparecimento desses novos trabalhadores da

---

[57]ROLNIK, R. *Guerra dos lugares, a colonização da terra e da moradia na era das finanças*. São Paulo: Boitempo, 2015., p. 57.

O "CAPITALISMO DE RECONSTRUÇÃO" E SEU "SEGURO COLETIVO" 53

indústria levou imigrantes poloneses, gregos e italianos a se afastarem dos negros, apesar de todos terem de trabalhar juntos. Contudo, os planejadores urbanos procuraram deter a evasão branca dos bairros em que os negros se estabeleceram construindo novas habitações no centro de Chicago, reservando um certo número de lugares aos brancos pobres. O Cabrini Green era um desses enclaves raciais mistos, e foi ali que passei minha infância. [...] O conflito racial tinha uma longa história em Chicago; na Segunda Guerra Mundial, as autoridades sabiam que tinham de enfrentar este problema. Quando o Cabrini foi inaugurado, em 1942, as autoridades propuseram aos brancos pobres: se quiserem viver no meio de negros, cuidaremos de seus aluguéis.[58]

Harvey[59] vê nessa "suburbanização e desconcentração" promovidas pelo planejamento estatal norte-americano "o principal elemento de estímulo da demanda efetiva" para os produtos da Ford, e toda a transformação produtiva que o *fordismo* propiciou, no longo período de expansão do capitalismo a partir de 1945. Essas reformas institucionais nos Estados Unidos resultaram, no setor imobiliário, em uma legislação de habitação "muito positiva" em 1947 que "decretava" o direito de todos os norte-americanos à moradia decente em um local decente.[60]

Logo, no que diz respeito ao estímulo à acumulação de riqueza daquela geração e das futuras, todavia, essa política

---

[58]SENNETT, R. *Carne e pedra, o corpo e a cidade na civilização ocidental*. Rio de Janeiro: Bestbolso, 2004, p. 19.

[59]HARVEY, D. *Condição pós-moderna*. São Paulo: Edições Loyola, 24ª edição, 2013, p. 122.

[60]HARVEY, D. *Cidades rebeldes, do direito à cidade à revolução urbana*. São Paulo: Martins Fontes/Selo Martins, 2014, p. 105.

foi eficaz e duradoura. As políticas assistenciais de moradia invadiram o século XXI em alguns países europeus, como Holanda e Dinamarca, onde o estoque público ou semipúblico de habitação ainda era disponibilizado aos cidadãos a preços regulados, e não de mercado, sem limite de renda, até a crise de 2008.[61] Em outras palavras, cristalizou-se que aceitar a condição de uma família, uma pessoa, ou melhor, um cidadão de sua mesma nacionalidade sem moradia é puro *cinismo*. O Estado deve ser responsável por isso.[62] No entanto, muitos logo voltariam a assumir o capitalismo em toda a sua perversidade imoral.

---

[61]ROLNIK, R. *Guerra dos lugares, a colonização da terra e da moradia na era das finanças*. São Paulo: Boitempo, 2015, p. 70.

[62]É ilustrativo mencionar Shiller quando discute o estigma da pobreza no processo eleitoral de 2016 nos Estados Unidos. Ele destaca que o apoio mais entusiástico a Donald Trump tendeu a vir das pessoas com renda média ou estagnada e de baixo nível educacional, embora a campanha do republicano tenha defendido menos impostos para os mais ricos. O autor atribui essa preferência ao fato de os mais desfavorecidos pela desigualdade perceberem o sistema tributário progressivo como um "imposto punitivo" para os ricos a fim de "dar dinheiro" para os pobres. "A redistribuição é sentida como degradante, como ser rotulado de fracassado, como instável. É sentida como ser enredado em uma relação de dependência que pode se romper a qualquer momento." Ver: SHILLER, R. J. *Donald Trump e a sensação de poder*, artigo publicado no jornal Valor Econômico, em 22 de novembro de 2016, p. A13. Disponível em *http://www.valor.com.br/opiniao/4783183/donald-trump-e-sensacao-de-poder*. Acesso em 22 de novembro de 2016.

Século XX:
envelhecer
num interstício
do capitalismo

O bem, o mal — é tudo igual.
Depressa, na névoa,
no ar sujo sumamos.

W. SHAKESPEARE,
Macbeth[1]

Ao investigar a natureza da experiência de envelhecimento das populações dos países ricos, este breve relato sobre a abrangência dos modelos de Estado do Bem-Estar Social permite responder melhor à questão inicial: os países ricos envelheceram sob uma economia planejada, dominada e regulada pelo Estado. O balanço deste período, no qual esses países experimentaram um aumento da expectativa de vida e uma elevação da taxa de fecundidade (até os anos 1960), está resumido na frase de Judt citada como epígrafe do início do capítulo "O 'capitalismo de reconstrução' e seu 'seguro coletivo'". Ou pelo slogan vitorioso de Harold Macmillan (1894-1986), primeiro-ministro conservador

---

[1]SHAKESPEARE, W. *Macbeth*. Tradução de Manuel Bandeira. Rio de Janeiro: Editora Paz e Terra, Coleção Leitura, 2ª edição, Ato I, Cena I.

56 ECONOMIA DA LONGEVIDADE

britânico (de 1957 a 1963), na eleição de 1959, ao responder a um manifestante: "O senhor nunca viveu tão bem."[2] Essa fase do pós-SG, como já mencionado, denominada "Les Trente Glorieuses" ou "La Révolution Invisible de 1946 à 1975" ("Os Trinta Gloriosos" ou "A Revolução Invisível de 1946 a 1975") pelo francês Jean Fourastié, ou a "Era de Ouro", como preferem autores anglo-americanos, é interpretada, porém, como um interstício do desenvolvimento do capitalismo, "talvez uma fase única".[3] O entendimento desse período como exceção no curso "natural" do capitalismo é consenso entre as várias escolas econômicas.[4]

Até mesmo autores seguidores da teoria econômica de Joseph Schumpeter (1883-1950) — de que a inovação e o empreendedorismo funcionam como força motriz do capitalismo — definem o período fordista-keynesiano como "um interlúdio infeliz no progresso capitalista". Infeliz porque sua falência evidenciou, no entender de Harvey, as contradições inerentes ao sistema, a despeito da diversidade nas causas apontadas para a interrupção desse período de crescimento.[5]

Após a guerra, essa *Era* surgiu com uma pretensão de perenidade e chegou a enganar alguns intelectuais. O economista François Chesnais chama a atenção para os erros de avaliação de Karl Polanyi ao escrever, em 1944, o clássico

---

[2]JUDT, T. *Pós-guerra, uma história da Europa desde 1945*. Rio de Janeiro: Ed. Objetiva, 2008.

[3]HOBSBAWM, E. *Era dos Extremos, o breve século XX 1914-1991*. São Paulo: Companhia das Letras, 1995, p. 253.

[4]PAUGAM, S. *Le salarié de la précarité, les nouvelles formes de l'intégration professionnelle*. Paris: Quadrige/Puf, 2000, p. 63.

[5]HARVEY, D. *Condição pós-moderna*. São Paulo: Edições Loyola, 24ª edição, 2013, p. 163.

SÉCULO XX: ENVELHECER NUM INTERSTÍCIO DO CAPITALISMO 57

A grande transformação. De acordo com Chesnais, Polanyi julgava ver um esboço de retomada do controle dos mecanismos de mercado pela sociedade em três níveis-chave: o trabalho humano, o uso da terra e a moeda. Estas "mercadorias fictícias", como criticou Polanyi, dariam sustentação ao "moinho satânico" do capitalismo.[6] No entanto, cinquenta anos depois, a economia mundial reencontrou-se com "as antípodas dessas esperanças", no entender de Chesnais[7]. Castel definiu a fase áurea de "Estado de crescimento". Nas palavras dele, ela foi fruto da articulação dos dois parâmetros fundamentais "que acompanharam a *sociedade salarial* em sua trajetória e teceram com ela vínculos essenciais: o crescimento econômico e o crescimento do Estado Social".[8] O autor acentua "a perturbadora *singularidade* de um período *inédito* na história da humanidade ou pelo menos dos países industrializados". Até a metade do período entreguerras, o salário "raramente" era o recurso único ou mesmo principal dos membros da burguesia, também beneficiados por rendimentos patrimoniais — os termos "salário" e "assalariado" eram reservados apenas a operários.[9]

A ampliação dessa condição salarial impulsiona a construção desse período quando profissões de nível superior passaram a exigir novos dispositivos de garantia em substituição ao patrimônio de que só dispunha a antiga burguesia. As garantias patrimoniais transformam-se, então, pela

---

[6]POLANYI, K. *A grande transformação, as origens da nossa época*. Rio de Janeiro: Campus/Elsevier, 2ª edição, 14ª reimpressão.

[7]CHESNAIS, F. *A mundialização do capital*. São Paulo: Xamã, 1996, p. 42.

[8]CASTEL, R. *As metamorfoses da questão social, uma crônica do trabalho*. São Paulo: Ed. Vozes, 2012.

[9]BOLTANSKI, L.; CHIAPELLO, E. *O novo espírito do capitalismo*. São Paulo: WMF Martins Fontes, 2009, p. 25.

58 ECONOMIA DA LONGEVIDADE

ação do Estado, em *garantias sociais* ou *patrimônio social*.[10] Esse patrimônio é entendido hoje como a prestação de serviços pelo Estado, visto como uma das maneiras efetivas de salário indireto ou mesmo como dispositivo de distribuição de renda. Mas esse patrimônio invadia outras dimensões, sobretudo o mundo do trabalho.

Um amplo receituário passa a ser seguido para salvaguardar o futuro desses trabalhadores de diversos níveis, como promoção regular nas carreiras ao longo da vida (que facilita o crédito), seguro social, fundos mútuos, estabilidade de salários — cuja redução passa a ser proibida —, proibição do trabalho intermitente, reajuste com base em inflação, refeitórios, clubes desportivos para empregados, colônias de férias, cooperativas... enfim, toda uma forma de se viver "burguesmente"; desta vez, em regime salarial.[11] Harvey[12] defende que o fordismo do pós-guerra tem de ser visto menos como um mero sistema de produção em massa do que como um "modo de vida total".

A condição salarial implicou em troca de ganhos reais (acima da inflação) pela cooperação e disciplina da classe operária, dos novos trabalhadores assalariados e, agora, fundamentais nessa arquitetura, os *cadres* — a categoria dos gerentes, coordenadores, diretores, enfim, executivos responsáveis por garantirem o ritmo do modelo de acumulação. Essa contradição logo emergiu sob o mar da racionalização, deixando

---

[10]CASTEL, R. *As metamorfoses da questão social, uma crônica do trabalho.* São Paulo: Ed. Vozes, 2012.
[11]BOLTANSKI, L.; CHIAPELLO, E. *O novo espírito do capitalismo.* São Paulo: WMF Martins Fontes, 2009, p. 26.
[12]HARVEY, D. *Condição pós-moderna.* São Paulo: Edições Loyola, 24ª edição, 2013, p. 131.

SÉCULO XX: ENVELHECER NUM INTERSTÍCIO DO CAPITALISMO 59

exposta a incapacidade de o consenso capital-trabalho perpetuar esse modelo, pois, como observa Harvey, o capital logo se viu preso a uma "rigidez". Havia problemas, diz ele, de rigidez dos investimentos de capital fixo de larga escala e de longo prazo em sistemas de produção em massa que impediam muita flexibilidade de planejamento e presumiam crescimento estável em mercados de consumo invariantes.[13] Em outras palavras, a rigidez verificada é oposta à natureza do capital.

Ao observar a evolução da produtividade a longo prazo nas economias de mercado avançadas, Manuel Castells detecta a tendência baixista do crescimento dessa variável a partir do início da década de 1970. De acordo com o autor, apenas no período 1953-1970 obteve-se um crescimento da produtividade acima de 2%. Esse resultado ímpar ocorreu devido à aplicação das inovações tecnológicas industriais desenvolvidas durante a guerra.

No início dos anos 1970, a Revolução da Tecnologia de Informação apresentou os primeiros sinais de exaustão. Nos períodos imediatamente posteriores, no caso dos Estados Unidos, a tecnologia deixou de contribuir para o crescimento da produtividade geral dos fatores.[14] Em consequência, tornou-se difícil, segundo os paradigmas desenhados, sustentar o consenso sob as bases salariais estabelecidas. Estava, portanto, sentenciado o fim desse interstício no tribunal do capitalismo.

As economias do Oeste Europeu prosperaram muito durante o consenso fordista-keynesiano, embora em ritmo

---

[13]*Ibid.*, p. 135.
[14]CASTELLS, M. *A sociedade em rede — A era da informação, economia, sociedade e cultura, v. 1.* São Paulo: Editora Paz e Terra, 1999, p. 92-93.

60 ECONOMIA DA LONGEVIDADE

menor a partir de 1960, e atingiram níveis históricos incomuns. Entre 1950 e 1973, o Produto Interno Bruto (medida até então consagrada para mensurar força econômica e bem-estar da população) mais que triplicou na Alemanha, cresceu 150% na França e "países historicamente pobres viram o seu desempenho econômico melhorar de modo espetacular", como é o caso da Itália, da Áustria (onde o PIB per capita, considerado mais adequado para essa mensuração, em valores de 1990, subiu de 3.731 para 11.308 dólares) e da Holanda, a qual teve um crescimento em sua economia daquele período sete vezes maior do que nos quarenta anos precedentes.[15]

O comércio exterior esteve no protagonismo desse período de crescimento por outro fato inédito na história econômica: o Plano Marshall ou o Programa de Recuperação Europeia. A ajuda dos Estados Unidos aos países europeus, tais como Reino Unido, França e, principalmente, Alemanha, visava sobretudo a retomada de mercados. Esse objetivo diferenciava as estratégias norte-americana e europeia no pós-guerra. Como destaca o professor Barry Eichengreen,[16] enquanto os Estados Unidos viam o comércio como o motor do crescimento, os europeus acreditavam que a chave eram os investimentos, como reza a cartilha keynesiana. Uma frase famosa do economista polonês Michal Kalecki (1899-1970) justificou, mais tarde, teoricamente a prioridade nos investimentos para gerar poupança: "O capitalista ganha o que gasta e o trabalhador gasta o que ganha."[17]

---

[15]JUDT, T. *Pós-guerra, uma história da Europa desde 1945*. Rio de Janeiro: Ed. Objetiva, 2008, p. 332.
[16]EICHENGREEN, B. *A globalização do capital, uma história do sistema monetário internacional*. São Paulo: Editora 34, 2000, p. 140.
[17]MIGLIOLI, J. (org.) *Kalecki: economia*. São Paulo: Ática, 1980, p. 52.

De acordo com Judt, em 1938, 44% das importações britânicas de maquinaria partiam dos Estados Unidos e 25% da Alemanha. Em 1947, quando lançado o Plano Marshall, esses percentuais eram de 65% e 3%, respectivamente. Assim, os Estados Unidos liberaram linhas de crédito a juros baixos para os europeus. Um detalhe: a decisão de aceitar o auxílio norte-americano e de como empregá-lo era autônoma aos tomadores, embora a gestão dos recursos fosse de norte-americanos. Em outras palavras, o país endividado tinha domínio sobre a dívida.

O Plano Marshall consumiu 0,5% do PIB dos Estados Unidos entre 1948 e 1951, o equivalente, em valores de 2004, a 201 bilhões de dólares.[18] Oficialmente, o programa durou de 1947 a 1953 e, para efeito de comparação, o Banco Mundial, então criado para auxiliar os países em dificuldades, emprestou nesse mesmo período apenas 5% do montante total da ajuda do Tesouro dos Estados Unidos por meio do Plano Marshall.[19] Sobrou dinheiro.

Harvey contribui com a análise desse período ao definir esse investimento estrangeiro direto (IED) norte-americano como algo mais importante do que a vitória bélica. Os Estados Unidos assumiram, definitivamente, o papel de "banqueiro do mundo". Isso permitiu que a capacidade produtiva excedente do país fosse absorvida alhures, enquanto o progresso internacional do fordismo significou a formação de mercados de massa globais. A dinâmica de um novo tipo de capitalismo absorveu a massa da população mundial,

---

[18]JUDT, T. *Pós-guerra, uma história da Europa desde 1945*. Rio de Janeiro: Ed. Objetiva, 2008, p. 105.

[19]EICHENGREEN, B. *A globalização do capital, uma história do sistema monetário internacional*. São Paulo: Editora 34, 2000, p. 150.

deixando de fora o mundo comunista,[20] pois Josef Stálin (1879-1953) veta a adesão ao plano dos países sob domínio da União Soviética.[21] Assim, nenhum país comunista recebeu um centavo. Outro ponto importante[22] na geopolítica internacional é que uma das poucas condicionalidades do Plano Marshall, em contrapartida, foi proibir os governos dos países tomadores de empréstimo a fazer alianças com os partidos comunistas.[23]

Esse capitalismo originado numa configuração de poder político e relações recíprocas entre "o grande trabalho, o grande capital e o grande governo" para a construção desse modelo de acumulação, no entender de Harvey, foi um "surto" de expansão internacional promovido pela aliança do fordismo com o keynesianismo, resultado de "anos de luta" dos movimentos operários — e jamais poderia ser eterno.[24] Ele é incompatível com as características básicas do modo

---

[20]Polônia, Tchecoslováquia, Hungria, Bulgária e Albânia demonstraram interesse em tomar empréstimos, mas Viacheslav Molotov (1890-1986), ministro das Relações Exteriores de Josef Stálin, abandonou a reunião do Plano Marshall em 2 de julho de 1947 por ordem do líder soviético. (JUDT, 2008, p. 106)

[21]HARVEY, D. *Condição pós-moderna*. São Paulo: Edições Loyola, 24ª edição, 2013, p. 131.

[22]EICHENGREEN, B. *A globalização do capital, uma história do sistema monetário internacional*. São Paulo: Editora 34, 2000, p. 151.

[23]A América Latina também fica fora do escopo do Plano Marshall. Essa exclusão foi uma das principais motivações para a criação pela ONU da Comissão Econômica para a América Latina e o Caribe (Cepal), em 1948, com sede em Santiago. Ver: BIELSCHOWSKY, R. A trajetória histórica da Cepal: 1948-1998 In: BRANDÃO, C. A. (org) Teorias e políticas do desenvolvimento latino-americano, Rio de Janeiro: Editora Contraponto e Centro Internacional Celso Furtado de Políticas para o Desenvolvimento, 2018, p. 47.

[24]EICHENGREEN, B. *A globalização do capital, uma história do sistema monetário internacional*. São Paulo: Editora 34, 2000, p. 125.

SÉCULO XX: ENVELHECER NUM INTERSTÍCIO DO CAPITALISMO 63

de produção capitalista, isto é, *crescimento econômico, lucro, exploração do trabalho e inovação organizacional*.[25] Para Eichengreen, a crença em que esse sistema de planejamento da ordem monetária internacional, do ponto de vista da sustentabilidade econômica, poderia funcionar por longo tempo "foi extraordinariamente ingênua".[26] Ao longo desse período, esse destino mostrou-se implacável. Os Estados Unidos, entre 1950 e 1973, cresceram mais devagar que qualquer outro país, com exceção da Grã-Bretanha, e esse crescimento foi menor que nos períodos anteriores.

A Era de Ouro, como mencionado acima, possibilitou a quase todos os países do oeste europeu bater recordes e dificultou a concorrência internacional para os Estados Unidos. Em 1950, o PIB per capita norte-americano ainda era o dobro da França e da Alemanha, e mais de cinco vezes o do Japão e mais da metade maior que o da Grã-Bretanha, mas esses países viviam cada vez mais o chamado *catching up* (*alcançamento*) da riqueza dos Estados Unidos. Na década de 1960, a média anual de desemprego na Europa ocidental havia estacionado em 1,5%.[27]

Segundo Piketty,[28] este é um dos principais motivos de o "capitalismo de reconstrução" ter sido "uma fase transitória". De acordo com o autor, a insatisfação cresce pelo fato de a Grã-Bretanha e os Estados Unidos "terem sido alcançados" — ou, no caso britânico, até ultrapassados — por

---

[25]*Ibid.*, p. 166-169.
[26]EICHENGREEN, B. *A globalização do capital, uma história do sistema monetário internacional.* São Paulo: Editora 34, 2000, p. 137.
[27]HOBSBAWM, E. *Era dos Extremos, o breve século XX 1914-1991.* São Paulo: Companhia das Letras, 1995, p. 254.
[28]PIKETTY, T. *O capital no século XXI.* Rio de Janeiro: Ed. Intrínseca, 2015, p. 12.

Japão, Alemanha e França. Na avaliação de Eichengreen, os Estados Unidos cometeram um erro de avaliação dos danos sofridos pelas economias europeia e japonesa e do custo de reconstrução. Esse erro foi reforçado pela fé dos planejadores norte-americanos no poder do comércio internacional "de curar todas as feridas".[29]

Na visão de Castells,[30] a crise que encerrou o interstício foi resultado, principalmente, da "inabilidade do setor público" de sustentar a expansão de mercados e, dessa forma, gerar empregos suficientes e de qualidade sem recorrer ao aumento de impostos sobre o capital, nem alimentar a inflação com endividamento público. O autor destaca que "o verdadeiro desafio para as empresas e o capitalismo" era desbravar mercados capazes de absorver o excedente da produção de bens e serviços proporcionado pelo regime fordista. Todavia, a solução encontrada para a crise de lucratividade foi a redução de mão-de-obra e o desgaste salarial, encerrando, assim, um ciclo promissor e uma fase aparentemente perene.

No campo das relações trabalhistas, nenhum outro período foi tão benéfico para o movimento sindical do que os trinta anos de "capitalismo de reconstrução". Eichengreen[31] sublinha o crescimento e o fortalecimento dos partidos de esquerda de base operária a partir de conquistas de posições respeitadas no cenário político da Grã-Bretanha, França e, sobretudo, Alemanha, embora sem participação

---

[29]EICHENGREEN, B. *A globalização do capital, uma história do sistema monetário internacional*. São Paulo: Editora 34, 2000, p. 138.
[30]CASTELLS, M. *A sociedade em rede, A era da informação, economia, sociedade e cultura, v. 1*. São Paulo: Editora Paz e Terra, 1999, p. 101.
[31]EICHENGREEN, B. *A globalização do capital, uma história do sistema monetário internacional*. São Paulo: Editora 34, 2000, p. 150.

SÉCULO XX: ENVELHECER NUM INTERSTÍCIO DO CAPITALISMO 65

em governos. Os porta-vozes dos trabalhadores, assim como fizeram depois da Primeira Guerra Mundial, pressionavam por maiores salários, impostos mais elevados sobre a riqueza e expansão nos programas sociais.

Graças aos termos do acordo de Bretton Woods, que estabeleceu o novo sistema monetário internacional (padrão-dólar) em 1944, essa pauta foi acrescida de reivindicações como controle das taxas de juros, limites ao fluxo de capitais, aos preços de varejo e aos aluguéis. Sem falar na expansão dos domínios do Estado. Esta composição com os partidos trabalhistas garantiu os ganhos de renda citados acima, pelo menos até a década de 1960, e era "vital", no entendimento de Eichengreen, para que a Europa impedisse que crises políticas e greves fossem obstáculos no caminho do crescimento econômico.[32]

Apesar das críticas de "enquadramento" e "disciplinamento" dos trabalhadores por este "capitalismo social" ou fordista-keynesiano, o fato é que ele resultou em ganhos inquestionáveis[33] para aquela geração. O Estado Previdenciário beneficiou, acima de tudo, o cidadão mediano (aquele que estava excluído da proteção suscitada pela *sociedade salarial*), e a renda e a riqueza foram redistribuídas como resultado não só da destruição do capital fixo, como mencionado por Piketty, mas também da legislação ou regulação. De acordo com Judt,[34] o quinhão de riqueza nacional nas mãos do segmento mais rico da população (1%) caiu

---

[32]*Ibid.*, p. 150-151.
[33]CASTEL, R. *As metamorfoses da questão social, uma crônica do trabalho.* São Paulo: Ed. Vozes, 2012, p. 489.
[34]JUDT, T. *Pós-guerra, uma história da Europa desde 1945.* Rio de Janeiro: Ed. Objetiva, 2008, p. 176.

66 ECONOMIA DA LONGEVIDADE

de 56% em 1938 para 43% em 1954. Castel alerta, porém, que se pode até falar de uma repartição dos frutos do crescimento nesse período, "desde que não se entenda isso como redução das desigualdades".[35]

Um dos desdobramentos dessa prosperidade é o aumento da taxa de fecundidade em grau suficiente para impedir o envelhecimento da população (o desequilíbrio entre o percentual de idosos no total em relação aos outros segmentos etários). A despeito de esse indicador ser influenciado por inúmeros fatores e de nenhum deles guardar a totalidade explicativa isoladamente, a taxa de fecundidade alcançou 2,7 filhos por mulher na Grã-Bretanha, na França e manteve-se acima do mínimo para reposição da população (2,1 filhos por mulher) até o fim do século XX, quando o único país europeu a registrar esse nível suficiente era a Irlanda.[36]

A preocupação com a dinâmica demográfica nesse período — ou nessa *sociedade salarial* —, lembra Castel, está expressa no termo "salário-família". Ele foi criado nesse contexto da formação do conceito de Seguridade Social na França. Esta terminologia expõe a preponderância da preocupação do Estado Previdenciário com o equilíbrio demográfico.[37]

O envelhecimento populacional provocado pelo aumento da expectativa de vida concomitante à queda na taxa de fecundidade é mais acentuado, e constituiu-se em fenômeno

---

[35]CASTEL, R. *As metamorfoses da questão social, uma crônica do trabalho*. São Paulo: Ed. Vozes, 2012, p. 492.
[36]JUDT, T. *Pós-guerra, uma história da Europa desde 1945*. Rio de Janeiro: Ed. Objetiva, 2008, p. 493.
[37]CASTEL, R. *As metamorfoses da questão social, uma crônica do trabalho*. São Paulo: Ed. Vozes, 2012, p. 483.

SÉCULO XX: ENVELHECER NUM INTERSTÍCIO DO CAPITALISMO   67

econômico e social a partir dos anos 1970, quando este modelo de acumulação capitalista, definido também por Arretche como uma "pausa na concentração de riqueza",[38] começa a ser desconstruído. Inicia-se assim a "fase do capitalismo" sob a qual envelhecem os países pobres do hemisfério sul.

---

[38]ARRETCHE, M. *Trajetória das desigualdades: como o Brasil mudou nos últimos cinquenta anos.* São Paulo: Centro de Estudos da Metrópole/Editora Unesp, 2015, p. 2.

Século XXI: envelhecer sob a hegemonia da "finança"

Estou vendendo lixo para lixeiros e
fazendo um caminhão de dinheiro.

Frase do personagem JORDAN BELFORD (Leonardo di Caprio)
no filme *O lobo de Wall Street*, de MARTIN SCORSESE

A literatura registra várias interpretações sobre as causas da crise econômica dos anos 1970 que culminou na construção desta "Nova Economia"[1] hegemônica, sobretudo, a partir dos anos 1990, ou seja, na fase denominada de globalização ou mundialização.[2] Várias interpretações, nomenclaturas

---

[1]Conselho de Análise Econômica, 2000, p. 9, apud CHESNAIS, F.; DUMENIL, G.; WALLERSTEIN, I.; LEVY, D. *Uma nova fase do capitalismo*, São Paulo, Xamã, 2003, p. 44.

[2]Os termos "globalização" e "mundialização" são, muitas vezes, usados como equivalentes, porém são falsos sinônimos. O primeiro tem origem nas escolas de administração de empresas norte-americanas e o segundo é de formulação de economistas franceses (*mondialisation*). Os que cunharam o primeiro concebem o mundo contemporâneo como um globo plano e assumem que todos os agentes econômicos dispõem de iguais oportunidades de competição; os que usam o segundo entendem que o mundo é um espaço hierarquizado, cujas regras são as que mais convêm às potências capitalistas centrais. Ver: CHESNAIS, F. *A mundialização do capital*. São Paulo: Xamã, 1996, p. 24. Souza Martins também faz crítica a esse sentido

70 ECONOMIA DA LONGEVIDADE

ou abordagens abraçam esta etapa capitalista, começando pelo que é compreendido como "pós-modernidade" e avançando com o "capitalismo *flexível*" de Harvey, a "modernidade líquida" de Bauman, entre outras visões sociológicas do período economicamente definido como neoliberal.

Antes de explorar as características dessa nova fase do capitalismo, é preciso seguir no caminho histórico sobre a *desconstrução* do Estado Previdenciário em benefício de um bom conhecimento dos fatos. A desaceleração econômica dos anos 1970 acabou com o otimismo das primeiras décadas do pós-SG. Havia apreensão com o desemprego, a estagflação e a ameaça de ingovernabilidade nas sociedades ocidentais, apesar de exagerada, segundo Judt, pois as instituições demonstraram mais resistência atuando sob pressão.[3]

O mundo rompeu com o "capitalismo de reconstrução", como o chamou Piketty, no dia 15 de agosto de 1971, quando o presidente norte-americano Richard Nixon anunciou unilateralmente a saída do país do sistema monetário de taxas de câmbio fixas, como acordado em Bretton Woods, que era a base da estabilidade ancorada no dólar estadunidense. Os gastos com a Guerra do Vietnã (1955-1975) acentuaram o déficit fiscal dos Estados Unidos. Com o dólar atrelado a um padrão-ouro (35 dólares a onça), crescia em Washington o receio de um ataque especulativo. Detentores de dólar tentariam trocá-lo em ouro, drenando as reservas norte-americanas.

---

homogeneizante do termo globalização, ver: SOUZA MARTINS, J. *A sociabilidade do homem simples, cotidiano e história na modernidade anômala*. São Paulo: Editora Hucitec, 2000, p. 20.
[3]JUDT, T. *Pós-guerra, uma história da Europa desde 1945*. Rio de Janeiro: Ed. Objetiva, 2008, p. 458.

SÉCULO XXI: ENVELHECER SOB A HEGEMONIA DA "FINANÇA" 71

O déficit orçamentário crescera de 16 bilhões de dólares em 1965 para 25,2 bilhões de dólares em 1968.[4] A decisão impôs novas questões para a economia mundial, uma vez que a flutuação do dólar implicaria, evidentemente, em contágio das moedas europeias para o mesmo destino. Nesse caso, todas as certezas cuidadosamente construídas nos sistemas monetário e comercial no pós-guerra seriam questionadas. A ilusão, portanto, de construir barreiras ao capital por meio de um câmbio fixo e assim sustentar uma rede controlada de economias nacionais havia terminado. Sobrou a pergunta: o que a substituiria?

A desvalorização unilateral do dólar, assim, levou a reboque as moedas europeias, inclusive encerrando de vez a condição da libra esterlina como moeda de reserva internacional, em 1972. Uma conferência em Paris, em março de 1973, enterrou formalmente os esquemas financeiros criados em Bretton Woods. A partir daí, foi oficialmente adotado o câmbio flutuante. O resultado foi mais inflação. Os governos europeus reagiram com medidas de estímulo ao crédito para evitar a estagflação. Esses esforços foram minados pelo clima favorável à especulação financeira que se criou na economia mundial a partir de apostas sobre cotações diárias. A desvalorização das moedas pressionou o gasto com as importações. Entre 1971 e 1973, o preço das mercadorias, exceto combustíveis, subiu 70%; o de gêneros alimentícios, 100%.[5]

Foi neste cenário que ocorreram os dois choques do petróleo que iriam alterar, por definitivo, a configuração das

---

[4] *Ibid.*
[5] *Ibid.*

72 ECONOMIA DA LONGEVIDADE

forças em todo o planeta e forjar uma nova fase da economia internacional desfavorável às políticas sociais e que se constitui em um desafio para o envelhecimento dos países pobres no século XXI. Dito de outra forma, o capital financeiro rompe as barreiras limitadoras reconstruídas no pós-guerra e sai em busca de liberdade para sua reprodução, por natureza, infinita. Tal qual ele havia vivido desde seu surgimento no planeta até a SG, isto é, mesmo depois do *crash* de 1929.

O marco histórico dessa fase foi o apoio dos Estados Unidos a Israel contra o ataque conjunto a Síria e ao Egito, em outubro de 1973, na chamada Guerra do Yom Kippur. Em retaliação, a Organização dos Países Exportadores de Petróleo (OPEP), que existia desde 1960, mas ainda não havia atuado como cartel, eleva o preço do barril do petróleo em mais de 200% naquele ano. Durante as décadas da Era de Ouro, anos considerados também por Judt como "incomuns",[6] o preço do petróleo permaneceu baixo, ao contrário das outras *commodities*. As economias europeias, portanto, hipertrofiaram suas indústrias com um dos principais insumos, "subsidiado" involuntariamente pelos países árabes.

Esse fator foi de extrema relevância para a construção do Estado do Bem-Estar Social, ao lado do já citado Plano Marshall e da configuração do Sistema Monetário Internacional acordado em Bretton Woods. O petróleo a preço módico sustentou a estratégia desenvolvimentista por meio do consumo na Europa Ocidental e nos Estados Unidos. Na metáfora usual, os anos foram dourados, porém o verdadeiro ouro era preto e jamais brilhou. Na questão que nos interessa aqui, portanto, o petróleo barato do Oriente

---

[6]*Ibid.*, p. 459.

SÉCULO XXI: ENVELHECER SOB A HEGEMONIA DA "FINANÇA" 73

foi condição *sine qua non* para o bem-estar dos idosos dos países ricos e da geração *baby boom*, aqueles nascidos no pós-guerra. A exploração capitalista dessa *commodity* alheia os alimentou, deu-lhes habitação, cultura, saúde e educação na pré-escola e na infância.

Em 1955, o barril bruto custava 1,93 dólar e, em janeiro de 1971, continuava a custar apenas 2,18 dólares.[7] Em termos reais, destaca Judt, o petróleo nesse período glorioso do capitalismo tornou-se inacreditavelmente mais barato, desafiando a lei da oferta e da procura. As economias ocidentais, nesses anos, como já mencionado, alcançaram uma *sofisticação produtiva* na indústria num nível inédito na História, além de ter aumentado significativamente sua dependência dessa *commodity*. Era este preço baixo do petróleo que permitia a sustentação de uma *sociedade salarial* sem impactar a produtividade e a taxa de lucro. Os interesses regionais do Oriente (Médio e Próximo), porém, inauguraram o uso do petróleo como arma política dos países árabes a partir do choque de 1973.

O momento escolhido para tal feito, do ponto de vista econômico, foi crucial. Em 1950, o combustível sólido (carvão e coque) representava 83% do consumo de energia na Europa Ocidental, enquanto o petróleo apenas 8,5%. Em 1970, esses números eram, respectivamente, de 29% e 60%.[8] Logo, sem a exploração do maior bem dos países árabes era impossível sustentar o Estado do Bem-Estar Social por muito tempo, pois esse "seguro coletivo" estava baseado em planejamento, perenidade, previsibilidade e, agora, o preço do combustível

---

[7] *Ibid.*
[8] *Ibid.*

74 ECONOMIA DA LONGEVIDADE

importado tinha valor fixo, em dólar. Portanto, taxas de câmbio flutuantes e aumentos nos preços do petróleo introduziram um fator de incerteza sem precedentes. Enquanto preços e salários haviam subido constantemente, embora com moderação, ao longo das duas décadas anteriores — custo aceitável para a harmonia social numa era de rápido crescimento –, a inflação monetária agora decolava.[9]

A inflação, depois de anos de estabilidade, para a maioria das pessoas era uma experiência nova, embora os mais idosos tenham vivido a hiperinflação alemã no pós-Primeira Guerra Mundial (o período da República de Weimar, de 1919 a 1933, quando Adolf Hitler assume o poder). O índice piorou ainda mais em 1979, quando, mais uma vez, a interferência ocidental na derrubada do Xá da Pérsia provocou uma reação da OPEP e um novo choque do preço do petróleo de 150% em cinco meses (dezembro a maio de 1980). A Europa, de fato, passou a vivenciar o novíssimo fenômeno da estagflação. Segundo Judt, em retrospecto, este resultado é menos inusitado do que pareceu à época. No entanto, havia um elemento novo, intrinsecamente relacionado à dinâmica populacional.

Em 1970, chegara ao fim a grande migração europeia de mão-de-obra agrícola excedente para a indústria urbana. Isso significa dizer que não havia mais como aumentar a atividade e a produção industrial. Os índices de produtividade começaram a declinar rapidamente. Nas principais economias europeias baseadas em indústrias e serviços, o pleno emprego ainda era a norma. Em 1971, o índice de emprego

---

[9]De acordo com a OCDE, o índice médio anual de inflação na Europa não comunista no período 1961-1969 manteve-se estável em torno de 3,1%; já de 1969 a 1973, subiu para 6,4%, e de 1973 a 1979, 11,9%. O pior ano de inflação para quase todos os países foi 1975. Ver: *Ibid.*, p. 459.

SÉCULO XXI: ENVELHECER SOB A HEGEMONIA DA "FINANÇA" 75

no Reino Unido era de 3,6%; na França, apenas 2,6%; mas a queda de produtividade significava também que trabalhadores organizados que haviam se habituado a negociar a partir de uma posição de força agora enfrentavam patrões cujas belas margens de lucro começavam a encolher.

Logo a Europa se viu em concorrência com os países asiáticos recém-industrializados, que iniciavam o *catching-up*, ou seja, acirravam a disputa no comércio mundial. O desemprego crescia e rapidamente atingia os níveis da década de 1930, provocando rejeição imediata ao imigrante. Inicia-se uma pressão pelo cercamento de fronteiras que invadirá o século XXI. Em 1974 e 1975, a BMW e a Audi, por exemplo, dispensaram "grande quantidade" de seus trabalhadores, e os primeiros demitidos foram os chamados "empregados convidados". Quatro em cada cinco empregados da BMW demitidos eram estrangeiros.[10]

A conjuntura dos anos gloriosos transformou-se, assim, na chamada "tempestade perfeita": desemprego estrutural, déficit fiscal, inadimplência, queda nas exportações, aumento do custo do petróleo e da inflação. A nova realidade corroeu parte dos efeitos do Plano Marshall, embora a *reconstrução* tivesse, de fato, ocorrido nas três décadas anteriores a 1975. As exportações e importações despencaram e chegara ao limite a possibilidade de ajuda do Tesouro norte-americano. O Fundo Monetário Internacional foi convocado para salvar até mesmo a Grã-Bretanha e, logo depois, a Itália (1977).

Esses países, destaca Judt, culparam as "forças internacionais" pela situação doméstica e reforçaram os argumentos

---

[10]*Ibid.*, p. 459.

daquele contrários à receita keynesiana, pois, como disse o então primeiro-ministro britânico James Gallagham (1912-2005), do Partido Trabalhista, a Europa costumava "achar que era possível sair da recessão gastando dinheiro [...] Posso dizer-lhes, com toda franqueza, que tal opção já não existe".[11] Essa retórica ampliava o poder de convencimento daqueles interessados em dizer que a pergunta "o que colocar no lugar?" só permitia uma resposta. A *desconstrução* de barreiras ao capital. Em nenhum momento, como ocorre ainda hoje, levantou-se a hipótese de revisão da política com o Oriente.

O diagnóstico hegemônico era de que a Europa Ocidental esgotara sua capacidade de gastos na área social, em serviços de utilidade pública e investimentos em infraestrutura. O comércio internacional também era uma fonte de muito pouco fôlego, pois as tarifas já haviam sido reduzidas aos patamares mais baixos da História, assim como o nível de impostos, e a tendência era de recrudescer reivindicações protecionistas.

O Estado Previdenciário estava ainda ameaçado por outro fator: a chamada "Terceira Revolução Industrial". Uma nova transformação das plataformas de produção entrava em cena. As "indústrias de chaminé" perdiam espaço para novas indústrias. O carvão e o aço europeus perdiam o protagonismo e deixavam de ser fontes rentáveis de recursos. A recessão dos anos 1970 registrou aumento nos índices de desemprego em praticamente todas as indústrias tradicionais.[12] Depois de

---

[11]*Ibid.*, p. 462.

[12]Os dados mostram o rápido desmonte do modelo industrial europeu ocidental. De 1974 a 1986, na Grã-Bretanha, foram extintos 166 mil postos na indústria do aço. As indústrias naval, têxtil e automotiva chegaram a cortar

décadas de consenso, o setor sindical havia se reorganizado, com novas lideranças.

Graças a essa reconfiguração — delegando a resistência, principalmente, aos sindicatos do setor de serviços — e às conquistas do Estado Previdenciário, houve tímida reação dos trabalhadores ao desemprego crescente daqueles anos 1970. De qualquer forma, esse período expôs as contradições capitalistas que Harvey sublinha para reforçar seu argumento de que aquele fora um momento ilusório de pacificação perene da relação capital e trabalho. Um período, digamos assim, macbethiano do capitalismo por materializar toda a ambiguidade, como a epígrafe deste capítulo faz referência.

As últimas tentativas de manutenção dessa espécie de paz artificial em tempos de petróleo mais caro foi o uso de fórmulas desgastadas, na opinião de Judt, como acordos salariais inflacionários, cartelização, subsídios para "indústrias decadentes" e monopolização. As indústrias que foram preservadas custaram, mesmo na crise, "subsídios trabalhistas diretos", por meio de pagamentos a empresários para "manter empregados que já não eram mais necessários para um nível de produção tão baixa".[13] E ainda muito protecionismo.

Este é o ponto que muito interessa aqui. As medidas contra importações eram aplicadas, sobretudo, para produtos

---

até 50% dos postos de trabalho. Esses efeitos se espalharam para os setores de papel (embalagens), químico, varejo (consumo). Entre 1973 e 1981, o centro-oeste da Inglaterra perdeu um em cada quatro postos de trabalho. A zona industrial de Lorena, na França, cortou 28%. Na Alemanha, regiões industriais demitiram 42%. No fim da década de 1970, a Fiat, em Turim, cortou 65 mil dos 165 mil empregos substituindo as funções por robôs. Em Amsterdã, em 1950, 40% da força de trabalho estavam na indústria e, em 1975, apenas um em cada sete trabalhadores permanecia no setor. (*Ibid.*, p. 463)

[13]*Ibid.*, p. 464.

78 ECONOMIA DA LONGEVIDADE

"provenientes do Terceiro Mundo". Isto significa dizer que, da mesma forma que o petróleo barato do Oriente custeou a construção do Estado do Bem-Estar Social, na crise dos anos 1970, um limite ou mesmo o boicote à concorrência com a indústria nascente dos países de capitalismo tardio[14] ajudou a resistência ao desmonte dos benefícios sociais da Europa Ocidental em seu pleno *momentum* demográfico em direção ao envelhecimento populacional. Ao lado do Oriente, a América Latina e a África foram uma espécie de copatrocinadoras para a manutenção do padrão de vida dos países ricos.

Do fim dos anos 1970 aos primeiros da década de 1980, os países europeus resistiram ao que poderia constituir-se em um processo de *desindustrialização*. A Alemanha Ocidental dispôs-se a cobrir 80% dos gastos com folha de pagamento de industriários. A Suécia "despejava dinheiro" em estaleiros não lucrativos, mas politicamente importantes. A França "adotou uma prática de intervenção microeconômica, identificando 'campeões nacionais' em cada setor e favorecendo-os com contratos, dotações financeiras e garantias",[15] enquanto

---

[14]Países em recente industrialização (ou NICs, na sigla em inglês).

[15]Castells também dá grande destaque à atuação do Estado na formação de "campeões nacionais" por meio de subsídios não apenas na Europa, mas na Ásia (Coréia do Sul, Taiwan, China, Índia, Japão) e nos Estados Unidos, sobretudo na área da tecnologia da informação (1999, p. 75). Sobre os países asiáticos, ver Johnson (1982) para o Japão; Amsden (1989) para a Coréia do Sul; Wade (1990) para Taiwan; e Arrighi (2008) para a China da passagem do século XX para o XXI. Mazzucato atualiza o tema e mostra como a prática de "escolher vencedores" se mantém como diretriz na política econômica dos Estados Unidos no século XXI, seja sob governo democrata ou republicano. A autora explora o exemplo da Apple e mostra como a gigante digital se beneficiou de pesquisa básica financiada pelo Estado, e depois foi novamente privilegiada pela defesa norte-americana de patentes (em todo o mundo) e por investimentos públicos, como a compra de computadores pelas escolas públicas do país. Todavia, defende ela, sem devolver a devida recompensa à sociedade em termos de impostos ou empregos

o Tesouro do Reino Unido "manipulou", nas palavras de Judt, impostos, taxas de juros e subsídios. Valia tudo para preservar a indústria nacional. Em nome dela, todas as correntes políticas de todos os países assinavam embaixo de um consenso semelhante ao do pós-SG para retornar ao pleno emprego — o que nunca mais iria ocorrer no continente, ao menos simultaneamente entre os países.

Os próprios mecanismos do Estado do Bem-Estar Social forneceram justificativa para formar esse consenso político em torno da "necessidade" de impor prioridades acima do objetivo maior do pleno emprego. Formou-se um entendimento, com o passar dos anos, de que a inflação impunha riscos maiores do que o desemprego, uma vez que os custos humanos e políticos deste estavam "institucionalmente aliviados" pelo Estado Previdenciário, principalmente pelo seguro-desemprego.

Antes de tratar este "novo problema", porém, os países ainda fariam uma nova tentativa de equacionar o Sistema Monetário Internacional com taxas de câmbio semifixadas, depois um acordo de taxas bilaterais fixas que seriam constituídas num Sistema Monetário Europeu. Seu funcionamento era semelhante ao do FMI, e foi assim a primeira iniciativa da política econômica que passaria a vigorar a partir de 1978: austeridade fiscal.

Hobsbawm, ao analisar os anos dourados do século XX, mostra como a riqueza produzida nos "Trinta Gloriosos" dependia da exploração dos países mais pobres e foi distribuída de forma desigual. Durante aqueles anos, lembra o

---

de qualidade. Ver: MAZZUCATO, M. *O Estado empreendedor, desmascarando o mito do setor público vs. setor privado*, trad. Elvira Serapicos, Portfolio-Peguin, São Paulo, 2014, p. 45, 123 -124, 126-127.

80 ECONOMIA DA LONGEVIDADE

autor, a fome endêmica só existiu como produto de guerras regionais ou loucuras políticas, como na China. À medida que a população mundial se multiplicava, a expectativa de vida aumentava em média sete anos (ou até dezessete anos, se comparado o fim da década de 1930 com 1960). A produção em massa de alimentos cresceu mais rápido que a população, tanto nas áreas desenvolvidas quanto em toda grande área do mundo não industrial.

Na década de 1950, continua o autor, a produção aumentou 1% ao ano per capita em toda a região do "mundo em desenvolvimento", com exceção da América Latina e, mesmo assim, houve um aumento per capita, "embora mais modesto" que a parte rica do planeta. Na década de 1960 ainda houve crescimento, "mais uma vez com exceção da América Latina".

Nas décadas de 1970 e 1980, estas disparidades cobram seu preço nos indicadores de produção de alimentos. Embora a produção esteja a um nível acima da taxa de crescimento populacional, algumas regiões "ficaram bem atrás dos níveis da década de 1970 ou até continuaram a cair, notadamente África, América Central e Oriente Próximo".[16] Nesta última região, coincidência ou não, estão localizados exatamente os países que venderam petróleo barato para a Europa até 1973.

Neste mesmo período, essa geopolítica internacional (do petróleo) mostrava seus resultados e, no mundo desenvolvido, lembra o mesmo autor, a produção de alimentos era tamanha que os países não sabiam o que fazer com o excedente. Na década de 1980, decidiram, então, plantar "substancialmente" menos ou (como na Comunidade Europeia) vender suas "montanhas de manteiga" e "lagos de leite"

---

[16]HOBSBAWM, E. *Era dos Extremos, o breve século XX 1914-1991*. São Paulo: Companhia das Letras, 1995, p. 256.

SÉCULO XXI: ENVELHECER SOB A HEGEMONIA DA "FINANÇA" 81

abaixo do custo, com isso solapando os produtores dos países pobres. Segundo Hobsbawm, era mais barato comprar queijo holandês nas ilhas do Caribe que na Holanda. Mais uma vez, a América Latina sofria as penalidades dessa economia — como seria usual dali em diante.

As elevações no preço do petróleo decorrentes dos choques de 1973 e 1979 produziram, no sistema internacional, uma grande quantidade de dólares: os "petrodólares". Os países produtores logo buscaram rentabilidade sobre esse capital no mercado financeiro, sobretudo o de Londres.[17] Uma das formas de oferecer essa rentabilidade foram os empréstimos e a abertura de linhas de crédito dos bancos internacionais. A partir de 1976, mais uma vez, o Terceiro Mundo, com a América Latina exercendo o protagonismo, torna-se o alvo dessa estratégia internacional.

Os países latino-americanos são incentivados a tomar recursos em termos "aparentemente vantajosos"[18] e inicia-se, assim, uma configuração financeira amplamente comprometedora para se garantir o bom envelhecimento da população dos países pobres no século XXI. Note-se que esse período coincide com o princípio da aceleração do fenômeno do envelhecimento populacional nos países da América Latina.

Entre 1970 e 1980, a taxa de fecundidade no Brasil, por exemplo, tem uma redução de 24,1%; de 1980 a 1990 sofre uma queda de 38,6%, ampliando o ritmo do processo de envelhecimento e confirmando essa tendência na década seguinte, com uma diminuição de 11,1% sobre uma base já

---

[17]Desde 1958, Londres criara um estatuto próximo de uma *offshore*, um paraíso fiscal, para atrair recursos. Era o chamado "mercado de eurodólares" (CHESNAIS, 2005, p. 38).

[18]CHESNAIS, F. (org.) *A finança mundializada*. São Paulo: Boitempo Editorial, 2005, p. 40.

82 ECONOMIA DA LONGEVIDADE

bastante retraída.[19] O outro fator do envelhecimento populacional, a expectativa de vida, pulou de 58,86 anos para 62,71 entre 1970 e 1980, e alcançou 66,52 em 1990, de acordo com o Banco Mundial. A mortalidade infantil (até 1 ano de idade), outro importante indicador, caiu a uma taxa de 4,8% ao ano a partir de 1970.

Esse período de maior endividamento do Brasil (e vizinhos) está sobreposto à nova dinâmica demográfica — ao contrário dos países ricos, como foi visto até agora, que se endividaram quando suas taxas de fecundidade foram ampliadas no chamado *baby boom* do pós-SG. Outra particularidade deve ser observada: enquanto a Europa Ocidental, com o Plano Marshall, manteve total autonomia sobre a sua capacidade de endividamento, os países pobres, na década de 1970, muitas vezes foram, segundo o economista norte-americano Joseph Stiglitz, "obrigados a contrair" as chamadas "dívidas odiosas".[20]

Esse endividamento era tomado por ditadores, assassinos, governos corruptos, influenciados pela lógica da Guerra Fria,[21] com "risco moral", em "operações de socorro" (não para os países tomadores, mas para salvar bancos ocidentais)

---

[19]BERQUÓ, E.; CAVENAGHI, S. *Fecundidade em declínio: breve nota sobre a redução no número de filhos por mulher no Brasil.* Trabalho apresentado na International Conference da International Union for the Scientific Study of Population (IUSSP), Tours, França, São Paulo: Revista Novos Estudos do Cebrap, 2006, p. 11.

[20]Chesnais faz uma análise das dívidas ilegítimas e inclui as dívidas de países europeus contraídas no século XXI. Ver: CHESNAIS, F. *Les dettes illégitimes – Quand les banques font main basse sur les politiques publiques,* Paris, Éd. Raisons d'Agir, 2011.

[21]É consenso datar a Guerra Fria entre 1945-1991, com a extinção da União Soviética. No entanto, a tensão entre soviéticos e norte-americanos se acirra nos anos 1980 com o projeto bélico nuclear promovido por Ronald Reagan denominado Segunda Guerra nas Estrelas.

e, como destaca o mesmo autor, esse *modus operandi* passou a ser "o normal" nas relações financeiras globais a partir dos anos 1970, com o agravante de que no Leste Asiático e na América Latina as operações de socorro propiciaram fundos para pagar os credores estrangeiros, absolvendo-os assim de ter de arcar com os custos de seus empréstimos malfeitos. Uma diferença significativa, portanto, do endividamento para a *reconstrução* física, de bem-estar social ou mesmo em benefício de um sistema econômico mundial.

Em alguns casos, lembra Stiglitz, os governos da América Latina ou da África ou de países do Oriente Médio chegaram a assumir as dívidas privadas, socializando dessa forma o risco (ou o prejuízo) privado — tal como ocorreu na crise de 2008, só que, dessa vez, nos países ricos. Os credores daquela época se safaram, mas o dinheiro do FMI não era de presente: era apenas mais um empréstimo naqueles anos 1980 — e o país "em desenvolvimento" ficou com a conta para pagar.[22] "Com efeito, os contribuintes do país pobre pagaram pelos erros do empréstimo do país rico."[23]

Desta forma, as bases da dívida do Terceiro Mundo foram lançadas e, com elas, um mecanismo de transferência de recursos que possui a capacidade de se reproduzir

---

[22]Sassen oferece uma interpretação ao comparar as condições de reestruturação de dívidas do pós-guerra para os países ricos com o que chama "disciplina transformadora" instaurada pelo FMI para os países pobres, nas décadas de 1980 e 1990. Segundo a autora, no primeiro caso o "objetivo político" era uma "reincorporação à economia capitalista mundial" e, no segundo, "moldar uma economia política e reposicionar esses países como lugares de exportação de recursos naturais, e até do poder de consumo de sua população." Ver: SASSEN, S. *Expulsões, brutalidade e complexidade na economia global*, Rio de Janeiro, Editora Paz & Terra, 2016, p. 110.
[23]STIGLITZ, J.E. *Globalização: como dar certo*. São Paulo: Companhia das Letras, 2007, p. 342.

84 ECONOMIA DA LONGEVIDADE

no tempo.[24] Dito de outro modo, se antes era o petróleo, agora a *punção* de riqueza de antigas colônias se dá no campo financeiro — diga-se de passagem, sem que o petróleo tenha perdido completamente sua importância. Com o passar dos anos, mesmo que as dívidas fossem perdoadas ou reestruturadas, novas dívidas aconteceriam e todos os problemas reapareceriam dentro de poucos anos porque as bases estabelecidas pelos credores eram sempre "insustentáveis",[25] isto é, sempre além da capacidade de pagar dos países pobres.[26]

Essa situação, no capitalismo contemporâneo, constituiu-se a partir de medidas adotadas, de novo, unilateralmente pelos Estados Unidos, em 1979. Essas medidas remontam à liberação dos mercados de títulos da dívida pública, da alta do dólar e da elevação brutal e repentina das taxas de juros

---

[24]CHESNAIS, F. (org.) *A finança mundializada.* São Paulo: Boitempo Editorial, 2005, p. 39.

[25]É o chamado "efeito bola de neve" da dívida. Os juros do designado "serviço da dívida", isto é, sobre o principal tomado de empréstimo, absorvem sempre uma fração maior do orçamento do Estado, das receitas das exportações e das reservas do país, de maneira que a única forma de fazer face aos compromissos é tomar novo empréstimo. Ver: CHESNAIS, F. (org.) *A finança mundializada.* São Paulo: Boitempo Editorial, 2005, p. 39. De 1980 a 1992, a dívida do sul global aumentou de 507 bilhões de dólares para 1,4 trilhão. Os pagamentos de serviços da dívida chegaram a 1,6 trilhão, ou seja, mais do que a dívida em si. No fim dos anos 1990, a relação dívida/PIB era de 123% na África, 42% na América Latina e 28% na Ásia. Um ano antes da crise financeira de 2007, os países pobres (com renda anual per capita inferior a 935 dólares) tinham dívidas de 375 bilhões de dólares. Somados aos países de renda média, Brasil incluído, a dívida alcança 2,9 trilhões de dólares e extrai do sul global um pagamento de juros anual (serviço da dívida) de 573 bilhões de dólares. Ver: SASSEN, S. *Expulsões, brutalidade e complexidade na economia global,* Rio de Janeiro, Editora Paz & Terra, 2016, p. 111.

[26]STIGLITZ, J.E. *Globalização: como dar certo.* São Paulo: Companhia das Letras, 2007, p. 337.

SÉCULO XXI: ENVELHECER SOB A HEGEMONIA DA "FINANÇA"   85

norte-americanas a um patamar de 20% por Paul Volcker, então presidente do Federal Reserve System (Fed), o banco central norte-americano. Apesar de os dois choques do petróleo (1973 e 1979) serem apontados como fatos inaugurais da nova fase do capitalismo mundial, esse ato de Volcker, chamado por alguns autores de "golpe de 1979",[27] é apontado como emblemático para a nova configuração global.[28] Volcker tornou-se uma espécie de reinventor dos juros, ao menos como a maioria das pessoas passaram a perceber as altas taxas desde então. Ele quadruplicou a taxa básica de juros para combater a inflação nos Estados Unidos sem considerar as consequências nefastas para os países que haviam tomado empréstimos vultosos e, principalmente, em condições nem sempre republicanas, pois os governos dos países pobres, como dito, eram, muitas vezes, pressionados para tomar "emprestado demais",[29] além do necessário ou do razoável.

É preciso destacar que esses empréstimos, além de objetos de suborno para os governantes e burocratas responsáveis por assiná-los, como provam muitos casos, com mais frequência suscitavam ou alimentavam corrupção naqueles projetos de infraestrutura que eles financiavam nos países pobres, com as justificativas de desenvolvimento, criação de emprego e, mais adiante, preservação ambiental. Mesmo

---

[27]DUMÉNIL, G.; LÉVY, D. O neoliberalismo sob a hegemonia norte-americana In: CHESNAIS, F. (org.) *A finança mundializada*. São Paulo, Boitempo Editorial, 2005, p. 85.

[28]Castells é um dos raros autores, entre os mencionados, a afirmar que a crise dos anos 1970 "não foi a dos preços do petróleo", mas, como já dito antes, a da "inabilidade do setor público para continuar a expansão de mercados". Ver CASTELLS, M. *A sociedade em rede*, v. 1, "A era da informação, economia, sociedade e cultura". São Paulo: Editora Paz e Terra, 1999, p. 101.

[29]STIGLITZ, J.E. *Globalização: como dar certo*. São Paulo: Companhia das Letras, 2007, p. 341.

86 ECONOMIA DA LONGEVIDADE

sem corrupção, lembra Stiglitz, é fácil ser influenciado por homens de negócios e financistas ocidentais. "Eles levam os responsáveis pela tomada de empréstimos para um bom restaurante para vender-lhes os pacotes de empréstimos e dizer por que este é um bom momento para tomar emprestado."[30]

Os desdobramentos desta atitude de Volcker foram sentidos primeiro no México, com a crise da dívida de 1982. Logo, todos os outros países chamados "em desenvolvimento" estavam mergulhados na dita "crise da dívida", como Argentina, Costa Rica e Brasil, entre outros. Todos, em algum momento, foram obrigados a suspender o pagamento de suas dívidas[31] (*default*, em inglês, ou simplesmente "calote"). As consequências da atitude norte-americana para esses países foram "as mais dramáticas" em todo o planeta:[32] limitação de salários, crescimento baixo, deslocalização das empresas, redução de investimentos e, o que interessa aqui, erosão dos sistemas de proteção social e desemprego crescente.

A administração da crise econômica nessa passagem da década ficou a cargo dos governos liberais da conservadora Margareth Thatcher (1979-1990), primeira-ministra da Grã-Bretanha, e do republicano Ronald Reagan (1981-1989), presidente dos Estados Unidos, que substituíram, respectivamente, governos trabalhistas e democratas. Em 1975, Thatcher ficara conhecida por ter sido a ministra

---

[30]*Ibid.*

[31]Em 1970, o total da dívida dos países em desenvolvimento era de US$ 45 bilhões, o equivalente a 7% do PIB. Em 1987, o mesmo conjunto de países alcançou endividamento de US$ 900 bilhões ou 30% do PIB. Segundo Chesnais (2016b, p. 53), esse endividamento não pode ser desconectado do status de países semicoloniais que continuou a determinar a relação do Terceiro Mundo com os países ricos.

[32]CHESNAIS, F. (org.) *A finança mundializada.* São Paulo: Boitempo Editorial, 2005, p. 40.

da Educação que, em nome da austeridade fiscal, cortara a distribuição gratuita de leite dos alunos mais pobres de seu país. Reagan assume o poder definindo o comunismo como o "Império do Mal", quando o comunismo "já não era mais o futuro",[33] isto é, usou a tática do bode expiatório para justificar sua escolha ideológica de ampliar o orçamento militar em detrimento ao social. As palavras de Thatcher resumiam os novos tempos. Segundo ela, "não existe essa coisa de sociedade. Existem homens e mulheres, e existem famílias". Na visão de Reinert,[34] para a economia neoclássica, na qual a primeira-ministra se apoiava, a sociedade deixou de existir a partir do desprezo pelo interesse público.

O "thatcherismo" passa a significar redução de impostos, livre-mercado, livre-iniciativa, privatização, além de uma agenda de temas morais seguindo os "valores vitorianos", em contraponto ao espírito de liberdade dos anos 1960. Mas o importante aqui é destacar que a redução do papel do Estado na economia permitiu a produção de índices econômicos até "satisfatórios"; no entanto, "como sociedade, a Grã-Bretanha sofreu uma implosão, com catastróficas consequências a longo prazo",[35] sublinha Judt.[36] Mesmo assim,

---

[33]JUDT, T. *Pós-guerra, uma história da Europa desde 1945*. Rio de Janeiro: Ed. Objetiva, 2008, p. 540 e p. 627.
[34]REINERT, E.S. *Como os países ricos ficaram ricos...e por que os países pobres continuam pobres*. Rio de Janeiro: Centro Internacional Celso Furtado de Políticas para o Desenvolvimento e Editora Contraponto, 2016, p. 414.
[35]JUDT, T. *Pós-guerra, uma história da Europa desde 1945*. Rio de Janeiro: Ed. Objetiva, 2008, p. 544.
[36]Em 1981, registraram-se 2,9 milhões de delitos penais na Inglaterra e no país de Gales. Esse número passou a 5,5 milhões em 1993. Entre 1971 e 1993, os gastos públicos com a polícia subiram de 2,8 bilhões de libras para 7,7 bilhões. Em 1994, 5,6 milhões de pessoas na Grã-Bretanha reinvidicavam renda suplementar e 2,7 milhões recebiam seguro-desemprego, ver: BAUMAN, Z. *O mal-estar da pós-modernidade*. Rio de Janeiro: Jorge Zahar Editor, 1998, p. 49.

88 ECONOMIA DA LONGEVIDADE

naqueles tempos, Thatcher e Reagan conseguiram arrastar o mundo atrás deles, e uma das principais ações de seus governos foi promover uma desregulamentação dos mercados (financeiro, sobretudo) como solução para o esgotamento do período fordista-keynesiano e como tentativa de recomposição das taxas de lucro. Dito de outra forma, Thatcher respondeu àquela questão de como substituir o desenvolvimentismo com uma inédita *desconstrução*.

O processo de desregulamentação financeira está na origem do capitalismo contemporâneo — e é a condição crucial para cristalizá-lo. Seu entendimento é indispensável para o debate sobre as possibilidades de garantia de bem-estar da população idosa, principalmente quanto à renda de aposentadorias, sistemas de saúde e financiamento de serviços de cuidados de longa duração para idosos. As medidas de liberalização empreendidas entre 1979 e 1999 deram nascimento ao sistema da *finança mundializada* como o conhecemos em nossos dias, no qual o pleno emprego deixa de ser o objetivo fundamental da política econômica, agora interessada em garantir um padrão de retorno para o capital financeiro. A *finança* notabilizou seu caráter autônomo da economia real e do próprio capital financeiro através de sua legítima função no sistema produtivo,[37] qual seja acelerar a fabricação

---

Em 2016, a Grã-Bretanha aprova, em referendo, o Brexit, sua saída da União Europeia. Durante a campanha, a deputada trabalhista Jo Cox, europeísta e de 41 anos, foi assassinada com dois tiros no norte da Inglaterra. O assassino teria gritado "Britain, first!", nome de um partido de extrema-direita contrário à imigração.

[37]Chesnais distingue "finança" (*finance* ou *financial capital*) de capital financeiro (*finance capital*, no sentido clássico de Rudolf Hilferding), uma vez que o primeiro observou "um extraordinário crescimento" desde 1970. Ver: CHESNAIS, F. *Finance Capital Today – Corporations and Banks in the Lasting Global Slump*, Leuden/Boston, Brill, 2016, p. 05.

SÉCULO XXI: ENVELHECER SOB A HEGEMONIA DA "FINANÇA" 89

de mercadorias, ofertar serviços com mais rapidez ou criar empregos. Descolada deste objetivo, a *finança* assumiu uma hegemonia inédita na história do capitalismo.[38] Os motivos desta mudança de paradigma são importantes para compreender por que os países em desenvolvimento encontram, atualmente, dificuldades para atender às demandas sociais e econômicas do processo de envelhecimento de suas populações. As medidas de liberalização patrocinadas por Margareth Thatcher (1925-2013) e Ronald Reagan (1911-2004) no âmbito global desmontaram os contratos estabelecidos em Bretton Woods, pois deram fim ao controle sobre o movimento de capitais (saídas e entradas nos países). *Desconstruíram* as regras adotadas antes da Segunda Guerra Mundial na esteira da crise de 1929. Além da Lei Wagner-Steagall, no âmbito da habitação, como já citado, outras regulamentações criadas na década de 1930

Saskia Sassen também distingue assim as "finanças" do sistema bancário tradicional: "Enquanto o negócio do sistema bancário tradicional é vender o dinheiro que o banco tem, o do setor financeiro é vender algo que não tem." O objetivo da finança é securitizar setores não financeiros (como a saúde, por exemplo) ou mais vulneráveis (como ocorre historicamente com o setor imobiliário) e obter, assim, sua "matéria-prima". Ver: SASSEN, S. *Expulsões, brutalidade e complexidade na economia global*, Rio de Janeiro, Editora Paz & Terra, 2016, p. 18.

O instrumento para tal são os chamados "derivativos", papéis originados e replicados em dívidas passadas a frente, isto é, a outros atores do sistema como bancos, corretoras etc. com desconto. Como o último ator dessa cadeia (improdutiva, diga-se de passagem) assume mais risco, o primeiro precisa cobrar um juros bem altos no momento da emissão do papel, ou seja, do empréstimo original. Em 2005, circulavam pelo mundo uma montanha de derivativos calculada em 630 trilhões de dólares, quatorze vezes o PIB global.

[38]Mazzucato faz a mesma distinção. Ver: MAZZUCATO, M. *The Value of Everything - Making and Taking in the Global Economy*, Londres, Allen Lane/ Peguin Books, 2018, capítulo 4.

90 ECONOMIA DA LONGEVIDADE

ainda mais importantes, tendo à frente o mesmo senador democrata Henri B. Steagall (1873-1943), foram revogadas.

Uma das mais emblemáticas foi a Glass-Steagall Act, de 1933, abolida em 1999 no governo do democrata Bill Clinton (1993-2001), que continuou a desregulamentação iniciada por Reagan. A revogação devolvia ao sistema bancário liberdade para emprestar acima de um limite responsável e condizente com a capacidade de pagamento de devedores, a maior parte deles corporações industriais. A Glass-Steagall foi promulgada pela administração de Franklin D. Roosevelt (1882-1945) para, basicamente, evitar um colapso financeiro sistêmico — como o de 1929 (ou o de 2008) — e separar os bancos comerciais dos bancos de investimento. Os primeiros, portanto, ficavam sujeitos à regulação específica, o que protegia os recursos de poupadores. Sua revogação hipertrofiou a formação e a atuação de bancos múltiplos.

As datas de nascimento e morte entre parênteses em todos os nomes citados de forma alguma é gratuita. Elas servem para demonstrar como toda a obra de uma geração foi desconstruída pela geração seguinte em nome de uma liberdade de mercado. Essa liberdade permitiu uma expansão muito rápida, seguindo uma tendência desde os anos 1980, dos mercados de dívidas públicas, agora interconectados por computadores. Com apenas um clique no *mouse*, ocorre uma difusão internacional do financiamento dos déficits públicos pela emissão de títulos negociáveis. Em outras palavras, deram total liberdade para uma espécie de compensação de cheques ao portador que vagueia pelo mundo 24 horas por dia à procura da melhor rentabilidade.

Quem são os compradores desses títulos da dívida em busca dessa rentabilidade? Esta é uma resposta fundamental para o nosso objetivo aqui. Esses compradores foram "fabricados" dentro desta lógica do novo capitalismo. O câmbio flexível, a desregulamentação, o mercado de dívidas públicas são elementos carentes de uma complementação, e esta foi oferecida pela dinâmica demográfica do século XXI: a necessidade de poupar para a velhice mais longeva.

O surgimento deste "comprador" só é possível com o direcionamento da poupança para a velhice rumo ao mercado financeiro ou ao setor privado (via aplicações financeiras ou financiamento da casa própria, por exemplo). Não mais em sistemas previdenciários de repartição (pacto intergeracional), sob os auspícios do Estado, aqueles que, desde o século XIX e, principalmente, no pós-SG, foram construídos e ampliados como uma espécie de "seguro coletivo" das sociedades. O objetivo da *finança* — deixa-se claro que ainda não alcançado em sua totalidade pela resistência dos sistemas públicos — é este.

Stiglitz destaca a prioridade dada por organismos multilaterais (Banco Mundial e FMI), política e administrativamente dominados pelos Estados Unidos, à privatização dos sistemas de previdência social. Em seu rol interminável de exigências para a concessão de crédito (e mais crédito) para os países pobres, essas agências financeiras globais, nas décadas de 1980 e 1990, passaram a incluir a previdência ao lado de serviços públicos de saneamento, eletricidade, entre outros. Foi o caso do Chile, que privatizou completamente seu sistema,[39] e de Argentina, México, Polônia, Hungria,

---

[39]FELIX, J. *Economia da Longevidade: o envelhecimento da população brasileira e as políticas públicas para os idosos*, dissertação de mestrado no Programa de Estudos Pós-graduados em Economia Política da PUC-SP, disponível em *www.dominiopublico.gov.br*, 2009, p. 70. SOLIMANO, A. *Pensiones a la chilena, la experiência internacional y el caminho a la desprivatización*. Santiago: Ed. Catalonia, 2017.

92 ECONOMIA DA LONGEVIDADE

Uruguai e Brasil, que resistiram, mas abriram caminho para a formação de sistemas privados ou mistos.

Ao contrário dos Estados Unidos, onde ocorreu um amplo debate sobre a privatização de seu próprio sistema, levando em conta o déficit que seria gerado no período de transição (quando o Estado deve continuar pagando aposentados tendo a receita reduzida com a ausência de novos contribuintes, que migram para o setor privado), nos países da América Latina ou do Leste Europeu este ponto foi ignorado, e seja com a privatização total ou a evasão por desconfiança na sustentabilidade, em longo prazo, do sistema público, o Estado foi induzido a amargar déficits progressivos.[40]

Esses novos atores financeiros, construídos a partir desta nova visão, são os denominados "investidores institucionais" (fundos de pensão, fundos de previdência, fundos coletivos de aplicação, sociedades de seguro e bancos múltiplos). Eles são os principais compradores de títulos com recursos provenientes de lucros das empresas não reinvestidos (distribuídos aos acionistas em forma de dividendos) ou das poupanças das famílias.

No entender de Chesnais, teoricamente, estes recursos caracterizam o "capitalismo patrimonial" do século XXI, no qual o "entesouramento estéril" da poupança (para a velhice, mas não só), substituto do antigo "pé-de-meia" (privado ou estatal), espera, em virtude de mecanismos do mercado de títulos das dívidas públicas, "gerar filhotes" sem a necessidade de passar pelas "agruras da produção", como disse Karl Marx[41]

---

[40]STIGLITZ, J.E. *Globalização: como dar certo*. São Paulo: Companhia das Letras, 2007, p. 349.
[41]MARX, K. Livro 3, cap. XXIV *apud* CHESNAIS, F. (org.) *A finança mundializada*. São Paulo: Boitempo Editorial, 2005, p. 50.

(1818-1883). Este mecanismo permite ao capitalista "ganhar dinheiro dormindo" com a reprodução daquilo que foi denominado por ele "capital portador de juros".[42] Quando, porventura, uma fração desse recurso entra na esfera da produção, agora sob uma lógica bastante diversa do período fordista-keynesiano, encontra uma exigência de retorno (sobre o investimento) num nível, segundo Chesnais, muito alto. De acordo com o autor, o pactuado globalmente gira em torno de 15% sobre os recursos dos acionistas[43] para fazer frente e dar conta da rentabilidade proferida, em tese, nos mercados bursáteis que atuam em total liberalismo e em plena desregulação dos fluxos de capitais.

Assim, este capitalismo, diferentemente da Era de Ouro, estabeleceu uma lógica perversa para o trabalho — ou melhor, mostrou sua genuína vocação. Uma vez que os recursos investidos em empresas são aqueles acumulados em fundos de pensão, cuja contribuição, por sua vez, é calculada sobre os salários e seu objetivo declarado é assegurar aos aposentados uma pensão regular e estável, esses recursos deveriam ser dirigidos a favorecer os trabalhadores. No entanto, como tem caráter individualista,[44] este capital rompe com a lógica do "seguro coletivo". Chesnais estabelece uma conexão pouco percebida pela sabedoria

---

[42]*Ibid.*

[43]CHESNAIS, F. (org.) *A finança mundializada.* São Paulo: Boitempo Editorial, 2005, p. 54.

[44]A palavra "individualismo" foi cunhada por Alexis de Tocqueville, na década de 1830, para descrever o isolamento social que ele constatou na América, ver: SENNETT, R. *Carne e pedra, o corpo e a cidade na civilização ocidental.* Rio de Janeiro: Bestbolso, 2004, p. 127.Também consultar BECK, U., GIDDENS, A., LASH, S. *Modernidade reflexiva: política, tradição e estética na ordem social.* São Paulo, Editora Unesp, 1997.

94 ECONOMIA DA LONGEVIDADE

convencional — ou, até mesmo, por muitos especialistas; por isso, embora poupando citações até aqui, vale a pena reproduzi-lo:

> Os assalariados aposentados deixam de ser "poupadores" e tornam-se, sem que tenham clara consciência disso, partes interessadas das instituições cujo funcionamento repousa na centralização de rendimentos fundados na exploração dos assalariados ativos tanto nos países onde se criaram os sistemas de pensão por capitalização quanto naqueles onde se realizam as aplicações e as especulações.[45]

A progressão deste novo modelo de acumulação financeira[46] no século XXI, sustentado principalmente pelos recursos dos planos de previdência privados, está estreitamente ligado, como dito antes, à liberação dos movimentos dos capitais e à interconexão internacional dos mercados de ativos financeiros e dívidas públicas.[47] Isso foi possível, defende Chesnais, a partir de três elementos constitutivos, a saber, a *desregulamentação*, a *descompartimentalização* e a *desintermediação*.

O primeiro elemento diz respeito à liberdade oferecida ao fluxo de capitais e à integração de maneira "imperfeita" a um conjunto de mercados hierarquizado. Claramente, tal

---

[45]CHESNAIS, F. (org.) *A finança mundializada.* São Paulo: Boitempo Editorial, 2005, p. 52.

[46]Por "acumulação financeira" entende-se a centralização em instituições especializadas de lucros industriais não reinvestidos e de rendas não consumidas, que têm por encargo valorizá-las sob a forma de ativos financeiros, mantendo-os fora da produção de bens e serviços. Ver: *Ibid.*, p. 37.

[47]SOLIMANO, A. *Pensiones a la chilena, la experiência internacional y el caminho a la desprivatización.* Santiago: Ed. Catalonia, 2017.

desregulamentação é liderada pelos Estados Unidos em razão da posição hegemônica de sua moeda, o dólar. Esta mudança também abriu as operações de empréstimos, antes reservadas apenas aos bancos, a todo tipo de investidor institucional. Dito de outro modo, é a total *desconstrução* das barreiras impostas pela lei Glass-Steagall, de 1933, e referendadas nas conferências de Bretton Woods, em 1944.

O segundo elemento, a *descompartimentalização*, remete à interpenetração de diferentes tipos de mercados (câmbio, crédito, ações e dívidas) no âmbito interno e mundial, caracterizando a chamada *mundialização da finança*. Por fim, o terceiro "D", a *desintermediação*, retirou dos bancos a hegemonia como emprestadores — ou, em outras palavras, promoveu uma "desespecialização". Foi este elemento que permitiu a emergência de uma indústria de "inovações financeiras" nas mãos dos mais variados atores não bancários (corretoras, seguradoras, lojas de varejo, setor imobiliário etc.), os quais tiveram "criatividade" para desenvolver novos produtos de aplicação para a imensa liquidez financeira que inundava quase todo o planeta. Com os três "D", a barreira/limite para o legal e o ilegal, para o razoável ou a irresponsabilidade, é a ganância de cada ser humano.

Para Chesnais, essa estrutura mundial permitiu o "ressurgimento" do capital financeiro em sua forma "portador de juros" ou, simplesmente, *finança*, no início dos anos 1980, porque construiu mercados especializados (títulos de empresas, títulos de dívida, derivativos, *swap*) com a intenção de responder à tendência de queda das taxas de lucros do período fordista-keynesiano. O autor destaca o fato de que, nos Estados Unidos, o processo de centralização do capital sob a forma financeira recomeça já nos anos 1950, timidamente, sem chamar a atenção, à medida que chegam ao fim os efeitos da crise do *crash* de 1929 e as famílias passam a vislumbrar uma possibilidade de poupança.

Na Europa, este "ressurgimento", também ainda inibido, ocorre a partir dos anos 1960, depois dos efeitos da SG, como subproduto da Era de Ouro. Como as condições tributárias eram favoráveis, as famílias de renda mais elevada investem em seguros de vida, ajudando a construir gigantes do setor na Europa. Como dito acima, o surgimento da *sociedade salarial* — com o pagamento mensal de salários — trouxe a obrigatoriedade de inserção bancária, além de ter estimulado a criação de produtos financeiros de curto prazo e rentabilidade elevada pela concorrência.[48] Naqueles tempos, no entanto, estes mercados trabalhavam sem a sofisticação e a rapidez patrocinada pela introdução da comunicação mediada por computadores e, claro, sob barreiras de regulamentação rígida.

No século XXI, a tecnologia da informação e comunicação (TIC) permitiu às grandes empresas, instituições financeiras e os novos atores do capitalismo global (os investidores institucionais) possibilidades aparentemente infinitas de controlar a expansão de seus ativos em escala internacional sem passar pela produção de nenhuma mercadoria (ou serviço).[49] Essa transformação econômica alimentou o que Chesnais denomina "insaciabilidade da finança".[50] Este modelo, no entanto, guarda a ilusão de que é possível gerar riqueza no capitalismo "a partir do nada", isto é, sem investimento na

---

[48]CHESNAIS, F. (org.) *A finança mundializada*. São Paulo: Boitempo Editorial, 2005, p. 37.

[49]Em termos marxistas, a representação D-M-D' é substituída por D-D', onde D é dinheiro e M mercadoria.

[50]CHESNAIS, F. (org.) *A finança mundializada*. São Paulo: Boitempo Editorial, 2005, p. 60.

SÉCULO XXI: ENVELHECER SOB A HEGEMONIA DA "FINANÇA" 97

produção, sem a criação de empregos, e rompe com a inclusão social por meio do assalariamento, como ocorria no modelo fordista-keynesiano.

Esse novo modelo produz um tipo de capital com características específicas endógenas ao sistema financeiro, "o capital fictício". Este é resultado de especulação bem-sucedida, hipertrofia do crédito e alavancagem de altíssimo risco nos empréstimos (emprestar para quem não pode pagar). O "capital fictício" é definido pelo autor como uma "infindável inflação dos ativos". Ele atua na esfera financeira, geminado ao mercado de dívida pública anteriormente descrito. É fruto, portanto, de uma construção política dentro da história capitalista recente.

Esses elementos forjaram, no século XXI, o que Chesnais denomina "financeirização" da Economia, isto é, a supremacia da dinâmica financeira e seu crescimento em ritmo superior ao dos índices de crescimento da chamada "economia real"[51] — a produção de riqueza, o comércio exterior, os investimentos produtivos, o consumo, enfim, toda a produção e circulação de mercadorias e serviços que se convencionou medir pelo Produto Interno Bruto.[52]

Como está restrita à esfera financeira, a geração de riqueza nesta economia depende de — ou é alimentada

---

[51]CHESNAIS, F. *A mundialização do capital*. São Paulo: Xamã, 1996, p. 15.

[52]No período de 1980 a 2006, o PIB mundial cresceu 314%, isto é, 4,1 vezes, enquanto a riqueza financeira mundial cresceu 1.292% ou 13,9 vezes. Não estão inclusos ativos financeiros considerados o valor dos derivativos porque sua inclusão não é simples, embora esta ausência dificulte a percepção do impacto exercido pela finança global. O que é importante destacar é a enorme diferença de velocidade no crescimento do setor financeiro em comparação à economia não financeira. Ver: PAULANI, L. *A crise do regime de acumulação com dominância da valorização financeira e a situação do Brasil*, revista Estudos Avançados, USP, n° 23, v. 66, 2009, p. 29-30.

98 ECONOMIA DA LONGEVIDADE

por — sucessivas "bolhas financeiras",[53] estas a provocar estouros nem sempre repentinos que causam uma instabilidade crônica.[54] A economia vive, paradoxalmente, em um estado de repouso na turbulência crônica. O grande economista a defender esta teoria foi o pós-keynesiano norte-americano Hyman Minsky (1919-1996). Desde então, essa situação de vulnerabilidade devido ao crédito das empresas (mas também dos países, e pode-se até aplicar às pessoas físicas) é conhecido como "momento Minsky". Outra característica dessa economia sob a qual os países pobres estão envelhecendo é sua propensão a demandar da economia real "mais do que ela pode dar" com o suor do rosto de cada homem e mulher empenhados na produção de mercadorias e serviços. Dificulta também a vida de todas as pessoas que vivem do trabalho.

Diante de sua "insaciabilidade", os processos desenhados pela linha de produção fordista são insuficientes para garantir o pretendido nível de retorno. Essa "punção" de riqueza, de acordo com esta lógica, sempre será insatisfatória e, portanto, precisaria ser ampliada. Evidentemente, esta insatisfação é típica do capitalismo. Mas agora com um agravante. A exterioridade à produção característica desse capital rompe

---

[53]Stiglitz menciona como a bolha imobiliária da crise de 2007/2008 substituiu a bolha tecnológica que estourou em 2001/2002 e pode ser substituída, por sua vez, por uma bolha do petróleo. Ver: STIGLITZ, J. E. *O mundo em queda livre: os Estados Unidos, o Mercado livre e o naufrágio da economia mundial*, São Paulo, Companhia das Letras, 2010, p. 67.

Enquanto este livro foi redigido, no fim de 2017, as moedas criptografadas, como o bitcoin, surgem como uma nova bolha, com ativos na ordem de US$ 17 bilhões. No dia 13 de dezembro, o então presidente do Banco Central do Brasil, Ilan Goldfajn, fez alerta público sobre o risco de estouro da bolha do bitcoin.

[54]CHESNAIS, F. *A mundialização do capital*. São Paulo: Xamã, 1996, p. 309.

SÉCULO XXI: ENVELHECER SOB A HEGEMONIA DA "FINANÇA" 99

barreiras de tempo, espaço e limites biológicos do Humano, com desdobramentos no processo de envelhecimento e no mundo do trabalho.

Esta lógica é também, segundo Chesnais, uma das forças motrizes da desregulamentação do trabalho, assim como das privatizações, as quais têm o intuito de reduzir a participação do Estado no compartilhamento do lucro de empresas.[55] As privatizações passam a ser justificadas pela necessidade de equilíbrio orçamentário e combate à inflação, liberando o setor público a investir na área social. No entanto, seus recursos são direcionados ao pagamento de dívidas contraídas, do modo como já foi relatado.

Essa nova configuração empurra um Estado sem fonte de lucros, pois abriu mão de suas empresas, para a ampliação de sua, agora, única fonte de receita: a arrecadação de impostos. Sem condições de oferecer serviços à altura desta cobrança, o Estado é desqualificado cada vez mais como possibilidade de garantir bem-estar no presente e no futuro e se enfraquece politicamente *vis-à-vis* a pujança do mercado. Este passa a limitar e incapacitar as instituições estatais "de lhe impor qualquer coisa"[56] ou aponta-lhe o dedo como fonte exclusiva de corrupção, como vem denunciando o sociólogo Jessé Souza.[57]

Uma dessas "coisas" é submeter aqueles que mais usufruem da lógica da *finança* a este imprescindível pilar da existência do Estado: a cobrança de impostos. A casta de executivos pagos por bônus (ou *stock options)* sobre resultados

---

[55]CHESNAIS, F. (org.) *A finança mundializada.* São Paulo: Boitempo Editorial, 2005, p. 61.
[56]CHESNAIS, F. *A mundialização do capital.* São Paulo: Xamã, 1996, p. 301.
[57]SOUZA, J. *A tolice da inteligência brasileira, ou como o país se deixa manipular pela elite.* São Paulo: Editora Leya, 2015. SOUZA, J. *A elite do atraso, da escravidão à Lava Jato.* Rio de Janeiro: Editora Leya, 2017.

100 ECONOMIA DA LONGEVIDADE

das empresas (os *cadres* do século XXI) — resultados muito mais financeiros do que produtivos —, acionistas proprietários (alimentados por lucros e dividendos das empresas), intermediários de transações de toda espécie; todos eles são fiéis à característica da "insaciabilidade".[58] Como o objetivo é maximizar o lucro, esse novo capitalismo exacerba seus defeitos em forma de corrupção, da irracionalidade com a utilização de recursos naturais (meio ambiente) e, sendo estes insuficientes para aplacar a fúria por retorno, a saída passa a ser a recusa por integrar o "seguro coletivo". Isto se dá, primordialmente, por meio da sonegação e evasão fiscal.

Este quadro, de forma alguma, é uma novidade na História. A filosofia política alertou para os efeitos de um ambiente dominado por um "capital supérfluo", como o denominou, também, Hannah Arendt.[59] Em *Origens do totalitarismo*,[60] a autora alerta para o fato de que, de repente, "dinheiro que gera dinheiro como homens geravam homens"

---

[58]Enquanto este livro é redigido, o mundo debate, pela imprensa e na academia, a remuneração do CEO da PSA-Citroën, Carlos Tavares, referente a 2015. Ele recebeu, entre salário e bônus, mais de 5 milhões de euros. Lehman questiona: "Isso é legal. Mas é ético? Especialmente tendo em conta o momento em que vivemos [de crise] e o fato de que seu lendário corte de custos (que lhe valeu bônus excessivo) foi conseguido por meio de demissões significativas? Será que ele pergunta isso a si mesmo? Ou estava mais focado no fato de que 'o outro Carlos' (Ghosn, CEO da Renault à época, e depois da aliança Nissan-Renault-Mitsubishi), na indústria automobilística francesa, obteve 'básicos' 15 milhões de euros?" Ver: LEHMAN, J. P. *Panamá, anunciada colisão do capitalismo – sistema tem tendência à autodestruição por abusos, trapaças e mentiras*, São Paulo, jornal *Valor Econômico* em 12 de abril, caderno A, 2016, p. 11. No dia 19 de novembro de 2018, Ghosn foi preso no Japão sob acusação de sonegação fiscal.
[59]ARENDT, H. *Origens do totalitarismo*. São Paulo: Selo Companhia de Bolso (Companhia das Letras), 2012, p. 203.
[60]*Ibid.*

SÉCULO XXI: ENVELHECER SOB A HEGEMONIA DA "FINANÇA" 101

deixou de ser um sonho. Segundo ela, o imperialismo sempre foi produto de "dinheiro supérfluo"[61] e desdobrou-se, invariavelmente, em corrupção e declínio das nações, além de ter dito que "os velhos padrões cedem à medida que a riqueza, crescendo automaticamente, passa realmente a substituir a ação política".[62] Não por acaso, as expressões "ditadura do mercado" ou "tirania dos credores" integram-se ao vocabulário político usual, como observa Chesnais.[63] Esses autores, claro, seguem as sendas da famosa frase irônica de Marx — e já falamos como em alguns momentos a ironia é a verdade — sobre o capital portador de juros proporcionar rendimentos de "uma maneira tão natural como a pereira que dá pera".

O resultado desse poder usurpado é a proliferação de paraísos fiscais[64] por todo o planeta a impedir o sistema tributário,

---

[61]Para Arendt, o "capital supérfluo" suscita a "mão-de-obra e homem supérfluos", categoria que ela empresta de Turguêniev com seu *Diário de um homem supérfluo*, publicado em 1850. Ver: *Ibid*, p. 222. Segundo Berman, essa figura seria rica em inteligência, sensibilidade e talento, mas careceria de determinação para trabalhar e agir. Diz o autor que a política dos "homens supérfluos" da baixa nobreza no século XIX tendia a um liberalismo idealista, capaz de não se deixar iludir pelas pretensões da autocracia e de simpatizar com as pessoas comuns, mas sem determinação para lutar por uma mudança radical. Ver: BERMAN, M. *Tudo que é sólido desmancha no ar, a aventura da modernidade*. São Paulo: Companhia das Letras, 1986
[62]ARENDT, H. *Origens do totalitarismo*. São Paulo: Selo Companhia de Bolso (Companhia das Letras), 2012, p. 217.
[63]CHESNAIS, F. (org.) *A finança mundializada*. São Paulo: Boitempo Editorial, 2005, p. 39.
[64]Os fluxos ilícitos de capitais do Brasil para o exterior por meio de empresas *offshore* passaram de US$ 12 bilhões em 2003 para US$ 33,9 bilhões em 2012, segundo estudo da Global Financial Integrity (GFI), sediada em Washington. Enquanto este trabalho é redigido, o ICIJ (The International Consortium of Investigative Journalists) divulgou o dossiê chamado "Panama Papers", revelando uma rede internacional de escritórios de advocacia e grandes bancos que venderam mais de 214 mil "empresas fantasmas" para políticos, empresários, executivos e funcionários públicos de mais de 200 países.

102 ECONOMIA DA LONGEVIDADE

nesse novo capitalismo, de cumprir sua tarefa ímpar na democracia representativa, qual seja, ser um instrumento de distribuição de riqueza por meio de uma estruturação progressiva de cobrança de impostos. A evasão fiscal faz do sistema tributário (em geral, regressivo e não progressivo) o seu contrário: uma ferramenta de concentração de riqueza a ampliar a desigualdade social nas sociedades contemporâneas.[65]

A consequência é o "fenecimento do Estado", como destaca o filósofo István Mészáros,[66] como instância do bem-estar. Esta extinção faz do *Welfare State* do pós-SG, quando os países ricos envelheceram, uma "ficção globalmente instituída" pelas nações mais ricas, que agora está desaparecendo até mesmo no punhado de países por ele privilegiados, pois

> A promessa gratuita de todos os tipos de apologias do capital foi que o *bolo a ser distribuído crescerá eternamente,* trazendo felicidade plena para absolutamente todos. A *distribuição* abundante cuidará de tudo, ninguém deveria, portanto, se preocupar com os problemas da *produção.* Porém o bolo simplesmente se recusou a crescer, de modo a corresponder a qualquer variedade da projetada "maior felicidade". A crise estrutural do capital tinha posto um fim a todas as fantasias.[67]

Além do enfraquecimento do papel do Estado como mediador a favor do cidadão, essa nova economia apresenta-se

---

[65]PIKETTY, T. *O capital no século XXI.* Rio de Janeiro: Ed. Intrínseca, 2015. *WID. World inequality report,* Disponível em http://wir2018.wid.world/ Acesso em 14 de dezembro de 2018.

[66]MÉSZÁROS, I. *A montanha que devemos conquistar,* São Paulo: Boitempo Editorial, 2015, p. 37.

[67]*Ibid,* p. 26.

SÉCULO XXI: ENVELHECER SOB A HEGEMONIA DA "FINANÇA" 103

como desafio por estabelecer um novo consenso. Assim como na fase do *planejamento*, no século XXI, ela surge com a concordância — ou cooptação, ou sucumbência — de quase todas as correntes políticas. Como sublinha Guéhenno, desde a década de 1990, principalmente, a única ambição da esquerda e da socialdemocracia se reduziu a disputar a gestão deste capitalismo "melhor que os capitalistas" e, assim, essas forças formaram um novo entendimento em torno das regras estabelecidas pelos organismos multilaterais — não à toa resumidas em um Consenso de Washington.[68] Como diz o autor, "denunciar os delitos do ultraliberalismo é uma maneira de homenagear o 'liberalismo' ou o que imaginamos que ele seja, que não ousamos mais criticar a não ser no que tem de excessivo".[69] O problema é quando a própria duração da vida humana lhe parece excessivo.

---

[68]Assim foi denominado o documento formulado por economistas de instituições financeiras sediadas na capital federal estadunidense, como o FMI, o Banco Mundial e próprio Departamento do Tesouro dos Estados Unidos. Foi redigido e resumido pelo economista John Williamson com as regras que deveriam orientar a economia dos países a partir de 1989. No ano seguinte, tornou-se documento oficial do FMI. Essa "receita única" para todos os países da América Latina alcançarem o equilíbrio macroeconômico previa austeridade fiscal, redução da carga tributária, câmbio flutuante, "juros de mercado", abertura comercial, eliminação de restrições ao Investimento Estrangeiro Direto, desregulamentação financeira, direito à propriedade intelectual (patentes) e privatização das estatais e dos sistemas de previdência social.
[69]GHÉRENNO, J-M. *O futuro da liberdade – a democracia no mundo globalizado*, Rio de Janeiro: Editora Bertrand Brasil, 2002, p. 23.

A longevidade como fator perturbador do capitalismo

Deus me livre de ser forçado a viver se
quisesse morrer. Eu acordaria me sentindo
cada vez pior sabendo que o tratamento foi
todo pago pelo governo. O problema não será
resolvido, a não ser que você deixe que os
idosos se apressem e morram.

TARO ASO,
ministro das Finanças do Japão, em reunião
do Conselho Nacional de Reforma da
Seguridade Social, em 2013

Ao analisar este "novo liberalismo", quinze anos depois do início de sua vigência, Stiglitz destacou que o Leste Asiático demonstrou o sucesso de um caminho marcadamente diverso do Consenso de Washington, com maior relevância do papel do Estado em sua estratégia de desenvolvimento econômico nas décadas de 1980 e 1990. O autor sublinha ainda que essas regras foram cunhadas especificamente para a América Latina e que só começaram a perder a argumentação com o retumbante fracasso destas economias no fim do século XX.

Stiglitz também lembra que a América Latina viveu um "sucesso notável com políticas governamentais fortemente intervencionistas", até menos sofisticadas que as do Leste Asiático, nas décadas de 1950 e 1960, como a *política de substituição de importações*. Nesse período, a renda per capita latino-americana cresceu em média 2,8% ao ano (de 1950 a 1980) ou 2,2% de 1930 a 1980.[1] Essas análises, porém, sempre foram desprestigiadas no debate público, e o fato é que a América Latina serviu como o mais profícuo laboratório mundial para as ideias baseadas no fundamentalismo de mercado.[2]

Os trabalhadores, como dito, são as maiores vítimas da configuração deste capitalismo contemporâneo. A longevidade verificada no século XXI tornou-se um componente a agravar a equação econômica, emprestando-lhe, para isso, um caráter cruelmente desumanizante no que diz respeito ao emprego de modelo fordista e com garantia de proteção social. Essa economia imputa ao envelhecimento, portanto, um ressignificado. O vislumbre de um futuro segurado pelo Estado desaparece, e quando ocorrem tentativas de reivindicá-lo, pois as sucessivas crises interrompem o bem-estar prometido por esta lógica econômica, a população se encontra "diante de uma situação propícia à acentuação do militarismo, assim como ao reforço dos métodos militares e de segurança para o controle político e social, tanto no plano internacional quanto no doméstico", como apontou Chesnais[3] de forma quase profética.

---

[1]STIGLITZ, J.E. *Globalização: como dar certo*. São Paulo: Companhia das Letras, 2007, p. 104-105.

[2]Em 20 de novembro de 2017, o jornal francês Libération publica a manchete "*Brésil, le nouveau labo neoliberal*" [Brasil, o novo laboratório neoliberal]. Disponível em *http://www.liberation.fr/debats/2017/11/20/bresil-le-nouveau-labo-neoliberal_1611339*. Acesso em 20 de novembro de 2017.

[3]CHESNAIS, F. (org.) *A finança mundializada*. São Paulo: Boitempo Editorial, 2005, p. 57.

A LONGEVIDADE COMO FATOR PERTURBADOR DO CAPITALISMO 107

A militarização do espaço público antecipa a falência da política. O novo capitalismo ressuscitou o Estado "guardião" e repressor do século XIX descrito por Friedrich Engels (1820-1895), quando este estudou a classe trabalhadora da Inglaterra.[4] No que diz respeito ao nosso objetivo aqui, impõe-se como um obstáculo para o trabalhador idoso reivindicar seus direitos em meio à fragilidade de políticas públicas e à ausência de atuação do Estado a favor da produção e, portanto, do emprego.

É preciso explorar algumas consequências sociais, como o retorno da estigmatização dos dependentes do Estado,[5] e detalhar como, no palco da economia global, cristaliza-se o que será denominado aqui *capitalismo de desconstrução*. Defende-se que esse seja o substantivo mais adequado para uma fase de derrubada de barreiras ou degradação da estrutura de proteção social, embora ainda vigente por força da resistência, mas cada vez mais vulnerável. Nesta trajetória de conceituação desse período de *desconstrução*, pode-se agora, depois de toda a contextualização dos capítulos anteriores, abordar, como exemplo, a previdência social.

Ela serve de instrumento para esse jogo de sedução dos *cadres* do século XXI incorporarem o espírito do novo capitalismo. Seus sistemas, também por bonificação sobre o resultado, passam a ser negociados no mercado de executivos para atrair talentos. Essa prática amplia a desigualdade no interior do sistema, quebra o sentido coletivo de universalidade do Estado Previdenciário e desapropria a

---

[4]Ver ENGELS, F. *A situação da classe trabalhadora na Inglaterra*, São Paulo, Boitempo Editoral, 2010.
[5]SOUZA, J. *A ralé brasileira, quem é e como vive*. Editora Contracorrente: São Paulo, 2018, 3ª edição ampliada com nova introdução, p. 365.

108 ECONOMIA DA LONGEVIDADE

aposentadoria de seu papel de "direito", conferindo-lhe um status de "prêmio".[6] A aposentadoria é entendida aqui como o fato de poder optar pela saída do mercado de trabalho em certa idade ou manter-se nele por *escolha* ou alternativa para socialização.

Esse "prêmio", cada vez mais, torna-se uma realidade para alguns poucos — em geral, àqueles que são responsáveis pelo retorno sobre o investimento do acionista. A um grupo restrito é viável o acúmulo de patrimônio ou poupança. A previdência retrocede, assim, ao seu caráter de origem que teve no desigual sistema bismarkiano do século XIX:[7] premiar os gestores do capitalista para arrancar-lhe solidariedade ao processo de acumulação. A todo o exército restante é delegada a árdua tarefa de continuar no mercado de trabalho por necessidade de renda em relações frágeis, ilegais, intermitentes, fluidas, portanto, com quem o oferece trabalho.

Essas relações inconsistentes orientadas pelo espírito do novo capitalismo inspiraram Bauman a conceituar esta fase como "modernidade líquida". Essa etapa emergiu, segundo ele, do derretimento radical dos grilhões e das algemas que, certo ou errado, eram suspeitos de limitar a liberdade individual durante a Era de Ouro. O oposto dessa rigidez foi "soltar o freio" em forma de desregulamentação, liberalização, "flexibilização", "fluidez" crescente, descontrole dos mercados financeiros, imobiliário e de trabalho, tornando mais leve o peso dos impostos. Em outras palavras, técnicas que

---

[6]FELIX, J. "Desafios da previdência para um país que envelhece e o risco da aposentadoria como prêmio." In BERZINS, M.V.; BORGES, M.C. *Políticas públicas para um país que envelhece.* São Paulo: Editora Martinari, 2010.
[7]PALIER, B. *La reforme des retraites, travailler plus?.* Paris: Puf, 2003, p. 13.

A LONGEVIDADE COMO FATOR PERTURBADOR DO CAPITALISMO   109

permitem que o sistema e os agentes livres se mantenham "radicalmente desengajados e que se desencontrem em vez de encontrar-se".[8] No que diz respeito ao trabalhador idoso, o autor sentencia que a administração racional das empresas imposta pelo capitalismo contemporâneo significou *cortar* empregos, e não os criar, e o progresso tecnológico e administrativo, ainda segundo ele, é avaliado pelo "emagrecimento" da força de trabalho, *fechamento* de divisões e *redução* de funcionários. Bauman faz sua comparação: "Outrora restrito a aço e concreto, a pesados prédios de fábricas e maquinaria difícil de manejar, o próprio capital já se tornou a encarnação da flexibilidade."[9] E nos oferece uma imagem-síntese da *finança*: o capital "dominou os truques de se puxar a si mesmo, como um coelho da cartola ou desaparecer sem vestígio — com a autoestrada da informação desempenhando o papel da varinha mágica".[10]

Essas medidas de racionalização, segundo Beck,[11] diluem a fronteira entre trabalho e ócio, uma vez que é permitido ao indivíduo estar conectado "tocando projetos" (o eufemismo para o não trabalho, trabalho parcial ou intermitente) em "tempo real", e as premissas jurídicas e sociais do sistema empregatício são "modernizadas até desaparecerem". Ademais, o desemprego em massa é "integrado" ao sistema empregatício sob formas novas de "subemprego plural",

---

[8]BAUMAN, Z. *Modernidade Líquida*. Rio de Janeiro: Jorge Zahar Editor, 2001, p. 12.

[9]BAUMAN, Z. *O mal-estar da pós-modernidade*. Rio de Janeiro: Jorge Zahar Editor, 1998, p. 50.

[10]*Ibid.*

[11]BECK, U. *Sociedade de risco, rumo a uma outra modernidade*. São Paulo: Editora 34, 2011.

110   ECONOMIA DA LONGEVIDADE

transferindo, assim, ao trabalhador todas as ameaças, inseguranças e perigos do processo produtivo.

O *capitalismo de desconstrução* foi bem-sucedido até mesmo na tarefa de desconstruir algo inerente a ele mesmo: o risco. Conseguiu transferi-lo para o trabalho a um nível inédito. Essa é uma das justificativas para Beck denominar esta fase do capitalismo de "sociedade de risco". Ele a caracteriza por uma "transformação dos fundamentos da transformação" promovida pela industrialização.

Em outras palavras, os parâmetros da sociedade industrial como classes sociais, família nuclear, trabalho assalariado, ciência, progresso e democracia, elementos constitutivos da chamada "tradicionalidade industrial imanente" (ou Modernidade), estão fragilizados e suspensos pelas "irritações de época". Esse período não seria nem ruptura nem pós, diz Beck, mas um fenômeno produzido de forma endógena pelo "êxito" da sociedade capitalista, sobretudo no aspecto do avanço tecnológico. É mais uma vez a preponderância de uma ambiguidade macbethiana.

Todavia, no século XXI, esta modernização já não ocorre *nos*, e sim, *contra* os trilhos daquela sociedade industrial construída na passagem do século XIX para o XX — e neste intensificada. Na visão de Beck, a sociedade industrial hoje "instabiliza-se em sua própria concretização".[12] Não à toa, atingindo em cheio a sustentabilidade social da longevidade humana, uma de suas maiores conquistas. A forma como a sociedade passou a produzir riqueza, na interpretação de Beck, ampliou consideravelmente a produção de riscos. Obesidade, pobreza, poluição, desemprego, desigualdade social e o "risco velhice" são alguns dos principais.

---

[12]*Ibid.*, p. 17.

A LONGEVIDADE COMO FATOR PERTURBADOR DO CAPITALISMO 111

A "sociedade de riscos" produz, segundo Beck, novos desníveis internacionais, de um lado entre o Terceiro Mundo e os países ricos, de outro entre os próprios países ricos. A palavra "risco" sofre uma mutação semântica. Enquanto na sociedade industrial, na época do "capitão da indústria", estava relacionada à ousadia e à aventura capitalista, agora significa autodestruição da vida no planeta. Esses riscos, alerta o autor, contém um efeito bumerangue, e "cedo ou tarde acabam alcançando aqueles que os produziram ou que lucram com eles".[13]

Em sua análise, Beck sublinha que a distribuição do risco, assim como a da riqueza, é diferenciada pela classe social. No entanto, a pirâmide é invertida, pois "os ricos (em termos de renda, poder, educação) podem *comprar* segurança e liberdade em relação ao risco".[14] Esta desigualdade amplia a incerteza nos tempos atuais. Na velha sociedade industrial, a "solidariedade de classe" e a trajetória biográfica educacional garantiam o combate à carência material. Na sociedade de risco, outras capacidades suplementares tornam-se cruciais para a sobrevivência, como, principalmente e de forma decisiva, a capacidade de "antecipar perigos, de suportá-los, de lidar com eles em termos biográficos e políticos".[15]

Um desses perigos apontados por Beck é justamente o encontro entre o envelhecimento e o trabalho. Ao longo do século XX, ele viu a Alemanha ampliar a expectativa de vida em dez anos para os homens e treze para as mulheres, enquanto a jornada ativa de trabalho encolheu em mais de um quarto, com o agravante de o jovem entrar dois anos

---

[13]*Ibid.*, p. 27.
[14]*Ibid.*, p. 41.
[15]*Ibid.*, p. 93.

112 ECONOMIA DA LONGEVIDADE

mais tarde no mercado de trabalho devido ao desemprego, e
o trabalhador maduro deixar a vida ativa três anos mais cedo.
Durante o período anterior, essas mudanças significaram
libertação, mais tempo ocioso e mais consumo. Na sociedade
do século XXI, no entanto, são fontes de incerteza, produção
de desigualdade e suscitam uma "nova pobreza" dissolvida
na individualização, na precarização massiva das condições
existenciais do capitalismo do bem-estar social.[16] Essa degradação devolveu ao acolhimento, por parte do Estado, o caráter de estigmatização que o *Welfare State* procurou dissuadir
nos anos após a Segunda Guerra Mundial através da universalização da Seguridade Social.

Esse aspecto é destacado por Sennett[17] ao analisar o
que denominou "cultura do novo capitalismo", entendendo
"cultura" no sentido antes antropológico que artístico,
obviamente. Essa cultura, diz o autor, ainda está por ser
construída. A dificuldade em edificá-la está nos três desafios impostos por este capitalismo que só um "homem novo"
muito especial seria capaz de vencê-los. Esse ser humano
precisaria romper com um sentido de si mesmo e se reinventar a todo o momento para atender demandas de um
tempo regido pelo curto prazo exigido pelas instituições do
novo capitalismo.

Em segundo lugar, deve desenvolver um talento camaleô-
nico, pois a economia contemporânea demanda habilidades
novas sempre superiores ou distintas àquelas desenvolvidas em sua biografia laboral. E em terceiro lugar, deve ser
um ser humano desprendido das experiências passadas, de

---

[16]*Ibid.*, p. 142.
[17]SENNETT, R. *A cultura do novo capitalismo*. Rio de Janeiro: Ed. Record,
2008, p. 13.

A LONGEVIDADE COMO FATOR PERTURBADOR DO CAPITALISMO 113

vínculos — isto é, disposto a "abrir mão". Em uma palavra, um ser "flexível". Enquanto esse ser humano não é encontrado, a realidade impõe novos desafios, e um deles é enfrentar "a vergonha da dependência", uma vez que o discurso do novo espírito do capitalismo introjetou na sociedade que qualquer auxílio do Estado é aviltante, humilhante ou digno do talento demoníaco daquele aproveitador inventado por Dostoiévski, citado no segundo capítulo.

Como defende o sociólogo Jessé Souza, o papel e a imagem atribuídos ao Estado no Brasil desde o início do século XX têm muito a ver com o perfil do personagem Lebiádkin — aquele que, por contato com as relações sociais poderosas, consegue proteção do Estado. Está longe do escopo proposto aqui a discussão empreendida por Souza acerca das causas dessa interpretação que ele atribui às visões da sociologia brasileira, do conceito de patrimonialismo e de um apego de nossa sociologia ao culturalismo. O interesse para este trabalho é apenas sublinhar a crítica do autor à perpetuação pelo senso comum, legitimado pelo discurso público impregnado por este novo espírito, de que o Estado é "demonizado" por todos os males do capitalismo, sobretudo a corrupção e a ineficiência, e o mercado é sacralizado como um "reino idealizado de todas as virtudes — competência, eficiência, razão técnica supostamente no interesse de todos — movido pelo combustível da meritocracia".[18] O intuito aqui é apenas sublinhar a tentativa de *desconstrução* de qualquer possibilidade de prover bem-estar no âmbito do Estado, embora guardando todas as suas limitações ou críticas tanto liberais quanto marxistas.

---

[18]SOUZA, J. *A tolice da inteligência brasileira, ou como o país se deixa manipular pela elite*. São Paulo: Editora Leya, 2015, p. 91.

O *capitalismo de desconstrução*, portanto, transformou o sentido de "solidariedade", inclusive entre os povos, uma solidariedade tão propagada depois da devastação da guerra, em "dependência" ou "vagabundagem" ou "oportunismo". Sennett sublinha que o discurso de nossa época tem o tom da "autossuficiência", pois os reformadores querem libertar a necessidade do Estado.[19] Mais do que isso. No cânone neoliberal, o discurso político atrelou a dependência do Estado a uma infantilidade do adulto e, de novo, com *cinismo*, despregou-a da condição de pobreza.

A explicação dos reformadores do sistema de bem-estar, lembra Sennett, é que a corrupção subjetiva do indigente, do cliente da previdência, do dependente de seguro-desemprego, de programas sociais de toda espécie, os quais foram a base para o bom envelhecimento nos países ricos, é um "estado de vida incompleto, normal na criança, anormal no adulto".[20] Ele acentua que essa transformação do caráter de solidariedade do Estado Previdência (ou Social) no fim do século XX tem origem na argumentação histórica de que o indivíduo amparado desenvolveria uma "dependência passiva voluntária".

De acordo com o espírito que se tenta encarnar na sociedade, o indigente pode sofrer de baixa autoestima — devido à depressão ou ao medo de ser testado — por receber auxílio do Estado; logo, seria absurdo ampará-lo às custas de impostos pagos por toda a população. Além disso, diz Sennett, em uma economia movida pela maximização da produtividade, um indivíduo não produtivo inspira pouca piedade, e

---

[19]SENNETT, R. *Respeito, a formação do caráter em um mundo desigual*. Rio de Janeiro: Ed. Record, 2004, p. 124.
[20]*Ibid.*, p. 125.

A LONGEVIDADE COMO FATOR PERTURBADOR DO CAPITALISMO 115

"quando quem recebe caridade diz "não posso", seu provedor pode pensar "você é que não quer". Daí vem o caráter punitivo dos asilos para pobres da Grã-Bretanha e também da América".[21]

Os reformadores da Previdência Social nos Estados Unidos imaginaram, no fim do século XX — quando alteraram todo o sistema, privilegiando a poupança em contas individuais em detrimento dos sistemas por repartição —, estarem livrando os norte-americanos da dependência do Estado. Estaria, assim, encerrado um capítulo humilhante para os estadunidenses adultos que sempre foram influenciados pelo discurso de que depender do Estado era desonroso e sinal de infantilização. Trabalhar mais significaria uma poupança maior, além de mais liberdade. No entanto, outro capítulo foi iniciado.

A dependência passou a ser, nas palavras de Sennett, "uma moeda com duas faces": uma privada e outra pública. De um lado, a necessidade dos outros parece dignificada; de outro, vergonhosa, pois "a dignidade da dependência nunca pareceu um projeto político válido para o liberalismo".[22] A sentença de Sennett serve de longerão para a estrutura econômica e social no período de envelhecimento dos países pobres.

Para Jessé Souza, "existem vários liberalismos", e o atual cristalizou-se nas sociedades modernas com uma particularidade suscitada pelo fato de elas trocarem muito mais do que mercadorias no comércio internacional e muito mais que capitais no mercado financeiro. Elas compartilham também uma "hierarquia moral", a qual define "quem será percebido seja pelas instituições, seja pelos seus membros, como digno

---

[21]*Ibid.*, p. 132.
[22]*Ibid.*, p. 149.

ou indigno de respeito e reconhecimento social."[23] Esse seria o resultado, defende-se aqui, do assombramento do espírito desse novo capitalismo marcado por valores em *desconstrução*. Como está na epígrafe deste capítulo, o valor da vida passa a ser meramente monetário.

---

[23]SOUZA, J. *A tolice da inteligência brasileira, ou como o país se deixa manipular pela elite*. São Paulo: Editora Leya, 2015, p. 124.

Brasil: envelhecendo no *capitalismo de desconstrução*

No coração da mata gente quer
Prosseguir
Quer durar, quer crescer
Gente quer luzir

CAETANO VELOSO,
na música *Gente*

Até agora, tentamos expor os aspectos econômico e social, do ponto de vista histórico, sobre as alterações sofridas no capitalismo mundial e suas implicações, além da corrosão de possibilidades quanto ao objetivo de a economia garantir um bom envelhecimento às populações, observando a distinção entre países ricos e pobres. Foi destacado que o crescimento econômico em si, ou o enriquecimento, é insuficiente para a garantia de bem-estar à população. O relevante no capitalismo, como sempre, é o modelo de desenvolvimento — no caso, aquele que tenha como alvo a redução da desigualdade social intrínseca ao sistema.[1]

---

[1]NEILSON, B. *Globalização e as Bipolíticas do Envelhecimento* In: DEBERT, G. G. e PULHEZ, M. M. Textos Didáticos – Desafios do cuidado: gênero, velhice e deficiência, nº 66, jun 2017, Campinas, IFCH/Unicamp, 2017. PHILLIPSON, C. *The Political Economy of Longevity: Developing New Forms of Solidarity for Later Life,* nº 56, 2015, p. 80-100, The Sociological Quarterly,

É necessário, portanto, seguindo o nosso objetivo, explorar as transformações econômicas e demográficas que ocorreram — e ocorrem — no Brasil sob esse ponto de vista. Antes, porém, à guisa de uma consideração parcial, diante do exposto até agora, é válido abordar a tese de alguns autores sobre o nosso foco aqui: a assimetria de oportunidades de crescimento entre os países como um fator preponderante para a sustentabilidade de sistemas de proteção social nas sociedades envelhecidas. Depois nos dedicaremos ao Brasil.

A primeira é a tese econômica de Ha-Joon Chang[2] ao analisar a estratégia de desenvolvimento dos países sob perspectiva histórica. De acordo com Chang, como também se tentou demonstrar aqui, os países ricos enriqueceram adotando uma série de medidas econômicas que, atualmente, condenam quando adotadas nos países pobres (ou de renda média). Desde os anos 1970 — mais acentuadamente a partir dos anos 1990 — e, sobretudo, depois da crise financeira de 2008, os países em desenvolvimento sofreram enorme pressão por parte dos países ricos e das instituições multilaterais para adotar uma série de "boas práticas" e "boas instituições" destinadas, segundo essa receita, a promover o desenvolvimento econômico. Esta análise é importante aqui porque os alvos principais dessas "boas práticas" — sinônimo de austeridade fiscal à custa de desconstrução ou flexibilização — são a Seguridade Social e as Leis Trabalhistas.

Manchester (UK), Wiley Periodicals, Inc. PHILLIPSON, C. *Globalization and the Future of Ageing: Economic, Social and Policy Implications*. Valencia Forum Keynote Paper, 2002. Disponível em *http://www.valenciaforum.com/keynotes/cp.htm* Acesso em 4 de novembro de 2017.

[2]CHANG, H-J. *Chutando a escada – a estratégia do desenvolvimento em perspectiva histórica*. São Paulo: Editora Unesp, 2004.

BRASIL: ENVELHECENDO NO *CAPITALISMO DE DESCONSTRUÇÃO* 119

Chang, a partir de Friedrich List (1789-1846),[3] definiu essa estratégia dos países ricos como "chutar a escada". Eles ascenderam à condição de riqueza e garantiram o bem-estar de suas populações e o desenvolvimento econômico. Após essa emergência, os países ricos atuam, por meio das instituições multilaterais, para impedir que os outros países trilhem o mesmo caminho. Como citado nos capítulos anteriores, toda a lógica da "reconstrução", do Estado de Bem-Estar Social, dos "campeões nacionais", dos subsídios, dos estímulos estatais às empresas nascentes (por escolha de setores) ou estratégicas (mesmo aquelas em situação de falência), isto é, um caminho de nacionalismo econômico, é vista hoje como inadmissível pelo *establishment* econômico global (incorporado nos organismos multilaterais) ou pelos economistas ortodoxos (representantes do mercado).

---

[3]Diz List: "Qualquer nação que, valendo-se de taxas protecionistas e restrições à navegação, tiver levado sua capacidade industrial e sua navegação a um grau de desenvolvimento que impeça as outras de concorrerem livremente com ela não pode fazer coisa mais sábia do que *chutar a escada* pela qual ascendeu à grandeza, pregar os benefícios do livre-comércio e declarar, em tom penitente, que até recentemente vinha trilhando o caminho errado, mas acaba de descobrir a grande verdade." (LIST, 1885, p. 295-296, apud CHANG, H-J. *Chutando a escada – a estratégia do desenvolvimento em perspectiva histórica*. São Paulo: Editora Unesp, 2004).

Souza Santos chama a atenção, embora sem usar a expressão de List, para a adoção da estratégia mesmo entre os europeus, isto é, os países centrais atuam para "proibir" a ascensão dos países periféricos. O autor também acentua a tradição de construção do bem-estar a partir da exploração de colônias e, portanto, agora a Europa teria transformado sua histórica lógica internacional em uma lógica interna. Depois de List, Gunnar Myrdal (1898-1987) também problematizou a assimetria crônica entre o desenvolvimento econômico dos países ricos e pobres ao estudar a Ásia na década de 1960. Ver: Souza Santos, B. *A difícil democracia, reinventar as esquerdas*, São Paulo, Boitempo Editorial, 2016, p. 10.

120 ECONOMIA DA LONGEVIDADE

Tal estratégia, na visão de Chang, tem apenas o objetivo de impedir o *catching-up*[4] das economias ditas "em desenvolvimento", as quais estão cada vez mais distantes dos ditos "países ricos". Em poucas palavras, segundo Chang, a estratégia impede que os países pobres alcancem o nível de desenvolvimento (com *sofisticação produtiva*) dos países ricos e tornem-se concorrentes no comércio global, embora, depois da SG, quando sua supremacia industrial ficou absolutamente patente, os Estados Unidos fizeram "exatamente a mesma coisa que a Grã-Bretanha do século XIX, preconizando o livre comércio, muito embora tivessem obtido essa supremacia mediante o uso nacionalista e de um vigoroso protecionismo".[5]

Erik S. Reinert corrobora a visão de Chang e a atualiza com a análise dos países do chamado BRICS (Brasil, Rússia,

---

[4] Os estudos da Cepal (Mudança estrutural para a igualdade, 2012) identificam que há um viés contra o crescimento na região. Os investimentos, que são gastos fundamentais para sustentar o crescimento da demanda e da capacidade produtiva, caem três vezes mais que o PIB nas fases de contração e sobem pouco mais que o PIB durante as fases de prosperidade. Isso diminui estruturalmente o PIB potencial e nossa capacidade de inovação e de aumento de produtividade. Ver: PRADO, A. *Conferência de abertura no Colóquio Unasul-Instituto Lula - sobre Integração das Cadeias Produtivas na América do Sul*, em 13 de maio de 2015 em São Paulo-Brasil. Disponível em *http://www.cepal.org/sites/default/files/speech/files/conferencia_de_abertura_no_coloquio_unasul.pdf*. Acesso em 15 de setembro de 2016.

[5] obre desigualdade social na região, consultar: CEPAL *Panorama Social de América Latina 2017* Disponível em *https://www.cepal.org/es/publicaciones/42716-panorama-social-america-latina-2017-documento-informativo*. Acesso em 20 de dezembro de 2017 e PREBISCH, R. *O Manifesto Latino-americano e outros ensaios*, organização e introdução Adolfo Gurrieri, prefácio Ricardo Bielschowsky, trad. Vera Ribeiro, Lisa Stuart, César Benjamin, Rio de Janeiro, Centro Internacional Celso Furtado de Políticas para o Desenvolvimento e Editora Contraponto, 2011.

[5] CHANG, H-J. *Chutando a escada – a estratégia do desenvolvimento em perspectiva histórica*. São Paulo: Editora Unesp, 2004, p. 18.

Índia, China e África do Sul) e da Coréia do Sul.[6] No caso de Índia, China e Coréia, afirma o economista norueguês, apresentar simplesmente o sucesso desses países como um sucesso da globalização é fundamentalmente desonesto, pois esses seguiram variantes de uma política que agora o Banco Mundial e o FMI proíbem os países pobres de adotar, principalmente, por meio de contratos de dívidas.[7]

Segundo o autor, os países ricos atualmente impedem os países pobres de avançar no processo de industrialização e sofisticação tecnológica, fatores determinantes da criação de riqueza, pois "o Consenso de Washington proibiu o uso da caixa de ferramentas da emulação[8] — uma caixa de ferramentas que tem um impressionante histórico de sucesso ao longo de mais de quinhentos anos, desde o fim do século XV até o Plano Marshall, nas décadas de 1950 e 1960".[9]

---

[6]REINERT, E.S. *Como os países ricos ficaram ricos...e por que os países pobres continuam pobres*. Rio de Janeiro: Centro Internacional Celso Furtado de Políticas para o Desenvolvimento e Editora Contraponto, 2016, p. 173.

[7]Mazzucato mostra como a escada é chutada mesmo para os países da chamada periferia da Europa, como Portugal, Espanha, Grécia e Itália. E ainda, no caso do avanço científico, onde os países em desenvolvimento ficam sempre em desvantagem. Ver: MAZZUCATO, M. *O Estado empreendedor, desmascarando o mito do setor público vs. setor privado*, trad. Elvira Serapicos, Portfolio-Peguin, São Paulo, 2014, p. 43 e p. 85.

Consultar também: STREECK, W. *Tempo comprado, a crise adiada do capitalismo democrático*, São Paulo, Boitempo, 2018, p. 168.

[8]A tese da *emulação* é central no argumento do autor. Ele se preocupa em conceituá-la seguindo o *Dicionário Oxford de Inglês*: "Esforço para se igualar ou ultrapassar outros em qualquer feito ou qualidade; também o desejo ou a ambição de se igualar ou exceder." REINERT, E.S. *Como os países ricos ficaram ricos... e por que os países pobres continuam pobres*. Rio de Janeiro: Centro Internacional Celso Furtado de Políticas para o Desenvolvimento e Editora Contraponto, 2016, p. 57.

[9]*Ibid.*, p. 61.

Chang e Reinert, como todo bom economista sabe, apenas ampliam, atualizam ou ratificam a economia política de Paul A. Baran (1909-1964) e Paul M. Sweezy (1910-2004), pioneiros na análise de como o capitalismo imperialista bloqueia o caminho para as antigas colônias o perseguirem na rota do desenvolvimento, tese básica para a "escola da dependência" ou a "escola estruturalista" da América Latina, liderada pelo argentino Raul Prebisch (1901-1986) e pelo brasileiro Celso Furtado (1920-2004) na década de 1960. Tal escola desnudou qualquer ilusão de que poderíamos alcançar a condição de ricos por meio do livre comércio e, sobretudo, de que nossas elites seriam, obrigatoriamente, nacionalistas.

Sobre o tema do nacionalismo, é válido acrescentar o estudo do polonês Henryk Szlajfer (2012). O autor perseguiu a mesma metodologia histórica para mostrar que a mundialização da economia tratou de ofuscar o conceito de nacionalismo para beneficiar, sobretudo, os países ricos. O novo discurso contra as políticas protecionistas partira da premissa de que o nacionalismo econômico é um conceito geral e sempre negativo para o desenvolvimento das nações, quando, na verdade, é preciso distinguir o *nacionalismo particularista* (aquele que beneficia grupos de interesse e elites) do *nacionalismo holístico* (em benefício da coletividade). No bojo desta política econômica e nas escolhas que uma nação deve ter soberania para fazer, estão fincadas as possibilidades de bem-estar, empregabilidade e futuro de cada um de seus cidadãos em todo o percurso de vida — sobretudo, na velhice.

O Brasil, evidentemente, envelhece sob as imposições desse novo capitalismo. No entanto, faz-se imprescindível detalhar as particularidades do caso brasileiro para

BRASIL: ENVELHECENDO NO *CAPITALISMO DE DESCONSTRUÇÃO* 123

auxiliar uma conexão, mesmo que breve, que se espelhe no que foi visto até agora. É dispensável aqui encher a leitura de dados estatísticos demográficos para dizer o que todos já sabem à exaustão: a população do Brasil envelhece de maneira acelerada. O que nos interessa aqui é a análise do histórico deste processo e sua intersecção com o *capitalismo de desconstrução*.

O Brasil viveu seu *baby boom* no período 1950-1970, assim como a maioria dos países ditos em desenvolvimento. A taxa de fecundidade iniciou um processo de queda acentuada a partir da década de 1980, e desaba de 4,4 filhos por mulher para 1,7 em 2014 (Gráfico 1),[10] atingindo um nível abaixo de 2,1 filhos por mulher, mínimo para reposição da população, em 2006. Do outro lado da balança, a expectativa de vida ao nascer cresceu 27 anos nesse período, e hoje o brasileiro vive, em média, 76 anos.[11] Como dito, o processo de envelhecimento do país, como em quase toda a América Latina, além de Rússia e China, dois dos chamados BRICS, coincide com o período de mudanças na economia capitalista mundial observado a partir do fim da década de 1970.[12]

---

[10]A taxa de 1,7 filho por mulher deve se manter até 2040, quando cai para 1,69 e atinge 1,66 em 2060, segundo projeção do IBGE (2018).

[11]72,5 anos para os homens e 79,6 para as mulheres. A maior média de expectativa de vida é verificada no estado de Santa Catarina (79,4 anos) e a menor no do Maranhão (70,9 anos). Ver em IBGE, Tábua completa de mortalidade no Brasil em 2017, Rio de Janeiro, 2018. Disponível em www.ibge.gov.br, acessado em 15 de julho de 2019.

[12]Índia e África do Sul, os outros dois países do grupo BRICS, ainda não estão vivendo um processo de envelhecimento acelerado. Ver: FELIX, J. *Economia da Longevidade: o envelhecimento da população brasileira e as políticas públicas para os idosos*, dissertação de mestrado no Programa de Estudos Pós-graduados em Economia Política da PUC-SP, 2009. Disponível em *www.dominiopublico.gov.br*.

Gráfico 1: Taxa de fecundidade (filhos por mulher)

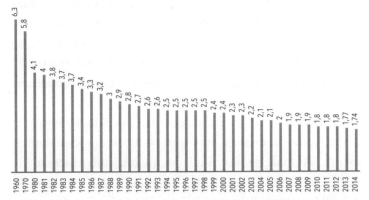

Fonte: Pesquisa Nacional de Amostra por Domicílios (Pnad), IBGE/Elaboração Própria

Em benefício de uma análise mais sistemática, será usada aqui a periodização adotada por Bresser-Pereira[13] em relação ao Brasil. Como sublinha o autor, periodizações sempre "envolvem simplificações, porém, são sempre esclarecedoras" quando o objetivo é uma visão geral de determinada sociedade e sua história. No caso do Brasil, a partir de sua independência, em 1822, ocorreram, segundo Bresser, três grandes ciclos econômicos da relação Estado-sociedade, a saber:

I. Ciclo Estado e Integração Territorial, sob um pacto político oligárquico, correspondente ao Império;
II. Ciclo Nação e Desenvolvimento (ou Revolução Capitalista Brasileira, de 1930 a 1977), primeiro sob um pacto Nacional-Popular de 1930 (os quinze anos de ditadura de Getúlio Vargas), depois sob um pacto Autoritário-Modernizante (ditadura militar);

---

[13]BRESSER-PEREIRA, L. C. *A construção política do Brasil — sociedade, economia e estado desde a Independência*. São Paulo: Editora 34, 2015, p. 14-15.

III.Ciclo Democracia e Justiça Social — este com três divisões quanto aos pactos políticos: Democrático-Popular (anos 1980), Liberal-Dependente[14] (de 1991 a 2005) e Nacional-Popular (de 2006 a 2014).

A partir de 1930, data considerada central pelo autor por marcar o início da revolução capitalista ou burguesa no Brasil, o grande momento para o desenvolvimento econômico se deu até 1977, quando a taxa anual média de crescimento da renda *per capita* foi de 4%. O Brasil, nesse período, foi o país que mais cresceu no mundo em termos de PIB — perdeu apenas para o Japão em termos de PIB *per capita*. No entanto, manteve a tendência à concentração de renda.

A partir de 1978, esse modelo de crescimento com poupança externa cobra seu preço e, devido à crise da dívida a partir do "golpe" de Volcker em 1979, o desenvolvimento econômico é interrompido. O país mergulha na inflação alta. De 1981 até 2012, a taxa de crescimento do país foi menos de um quarto do que fora entre 1930 e 1980. De 1981 a 1990, o PIB *per capita* encolheu 0,5%, e de 1991 a 2012, cresceu

---

[14]A adoção dessa periodização é apenas para efeitos didáticos, sem obrigatoriamente concordância com a nomenclatura e os conceitos adotados por Bresser-Pereira. Dependente porque o autor considera que as elites empresariais e intelectuais brasileiras foram "sempre ambíguas e muitas vezes dependentes" dos países ricos. A opção política fundamental da classe capitalista brasileira estaria sempre entre aliar-se aos trabalhadores e às classes médias profissionais que constituem um mercado interno ou às elites dos países ricos. Neste caso, "as elites capitalistas locais globalistas pagam menos impostos e contam com a aprovação maior da parte das elites dos países ricos à qual agrada sua submissão". BRESSER-PEREIRA, L. C. *A construção política do Brasil — sociedade, economia e estado desde a Independência*. São Paulo: Editora 34, 2015, p. 23 e p. 296.
Essa é uma visão com a qual existe concordância aqui.

apenas 1,6%.[15] O autor destaca que, se for adotado como referência o Índice de Desenvolvimento Humano (IDH), o resultado é semelhante.

Além disso, uma das variáveis usadas nesta metodologia, o crescimento da expectativa de vida, apresenta um crescimento de 20,3% entre 1959 e 1984 e de 19,8% entre 1984 e 2011. Ou seja, assim como observado no caso europeu, o Brasil apresentou melhores resultados no período desenvolvimentista, sublinha Bresser-Pereira, compreendido pelos dois pactos do Ciclo Nação e Desenvolvimento e o primeiro pacto político do Ciclo Democracia e Justiça Social. O país acentua seu processo de envelhecimento populacional quando inicia seu pior período de crescimento econômico. As taxas de crescimento, nas palavras de Bresser-Pereira, "razoáveis" no novo período desenvolvimentista (pacto Nacional-Popular, de 2006 a 2014), foram, segundo ele, conjunturais devido ao aumento da demanda por *commodities* no mundo e, portanto, instáveis e efêmeras. Essa visão é consenso entre as várias escolas econômicas que determinam o fim dessa "bonança" externa em 2014.[16] O importante aqui é destacar que, durante o Ciclo Democracia e Justiça Social (nos dois últimos pactos políticos), o percentual de pessoas com mais de 60 anos na população brasileira saltou de 6% em 1980 para 14% em 2020, segundo projeções da ONU.[17]

---

[15]BRESSER-PEREIRA, L. C. *A construção política do Brasil — sociedade, economia e estado desde a Independência.* São Paulo: Editora 34, 2015, p. 17.

[16]PASTORE, A.C.; PINOTTI, M.C. Demografia, reformas e bonança externa In: *Sob a luz do sol, uma agenda para o Brasil.* São Paulo: relatório anual do CDPP.

[17]ALVES, J.E.D. *Envelhecimento populacional no Brasil e no mundo segundo as novas projeções da ONU,* São Paulo: Portal do Envelhecimento, 2019. Disponível em *https://www.portaldoenvelhecimento.com.br/envelhecimento*

O envelhecimento populacional coincide ainda com a "desindustrialização prematura" — ou retrocesso primarizante — da estrutura produtiva observada após a crise da dívida externa vivida pelo país na década de 1980 (logo depois do "golpe de Volcker"). O diagnóstico "hegemônico da coalizão de classes liberal dependente" que assume o poder depois da ditadura militar é de que a crise inflacionária foi causada pelo "esgotamento do modelo de industrialização por substituição de importações" ou, dito de outro modo, pelo excesso de intervenção do Estado na Economia, como sublinha Bresser-Pereira.[18]

No entanto, segundo o autor, a verdadeira causa do esgotamento foi uma "clássica crise financeira de balança de pagamentos", esta ocorrida por causa das condições impostas pelos credores da dívida externa. Envelhecer nessa nova economia, seria lícito afirmar, foi uma escolha política, pois os novos democratas (a Nova República), a partir de 1985, não lograram resolver a crise e criaram oportunidade para que uma coalizão de classes liberal e dependente levasse o Brasil a se submeter, a partir de 1990, ao Consenso de Washington. Este, na visão crítica do autor, partia de um diagnóstico equivocado de que a crise latino-americana tinha origem na indisciplina fiscal e no estatismo excessivo, sem dar o devido peso ao "equívoco de se procurar crescer com dívida externa".

Por outro lado, diz Bresser-Pereira, "como é próprio do pensamento neoclássico e neoliberal", a análise desprezava

---

-populacional-no-brasil-e-no-mundo-segundo-as-novas-projecoes-da-onu/ Acesso em 02 de setembro de 2019.
[18]BRESSER-PEREIRA, L. C. *A construção política do Brasil — sociedade, economia e estado desde a Independência.* São Paulo: Editora 34, 2015, p. 19.

128 ECONOMIA DA LONGEVIDADE

a perspectiva histórica, ignorava a relevância do papel do Estado na fase de revolução capitalista e pressupunha que bastava "estabilizar a economia através do ajuste fiscal, liberalizá-la, privatizá-la, desregulá-la e garantir boas instituições (estas entendidas como as que garantem a propriedade e os contratos) para que o país cresça de forma satisfatória e estável".[19]

A "desindustrialização prematura", aponta o autor, pode ser verificada pela participação da indústria de transformação no PIB entre 1950 e 1986, quando atinge mais de 35%, comparada com a queda no período 1986 a 2014, quando estaciona abaixo dos 15%. Na opinião de Bresser-Pereira, a causa dessa queda é a perda do controle da taxa de câmbio por parte do governo brasileiro, deixando-a abaixo do patamar considerado ideal para o investimento na indústria, reduzindo a competitividade do produto brasileiro no mercado externo e abrindo mão de instrumentos para controlar as entradas excessivas de capital.

Por que isso é importante aqui? Primeiro porque os três ciclos da relação Estado-sociedade aconteceram, segundo o autor, como um reflexo ou uma reação ao que ocorria no mundo capitalista, "que então começava a se inter-relacionar e a se integrar, a formar, pela primeira vez na História, um sistema único".[20] Segundo porque o envelhecimento populacional é um fenômeno mundial e, portanto, demandará soluções econômicas que colocam todos os países em maior concorrência para, por exemplo, manter sistemas de segurida social ou garantir empregos para trabalhadores mais maduros por mais tempo. Terceiro porque o Brasil entrará

---

[19]*Ibid.*, p. 299.
[20]*Ibid.*, p. 21.

sempre em desvantagem nessa disputa devido à sua dívida com a escravidão, jamais paga, que compromete a qualificação de sua mão-de-obra e o amparo à criança na fase pré-escolar, condição imprescindível para o bom envelhecimento.

Esse comparativo, portanto, permite verificar que os países do Norte, desde o período da Segunda Guerra Mundial, como mencionado anteriormente, dispuseram de suas colônias para sustentar suas economias e construir o seu Estado do Bem-Estar Social, além de suas posições privilegiadas na divisão internacional do trabalho. Esse privilégio garantiu aos países europeus, lembre-se, uma outra correlação de forças quando foi necessário um endividamento (Plano Marshall).

Quando o capitalismo fordista entra em colapso, os países ricos novamente recorrem à estratégia de *punçar* das antigas colônias os recursos para a manutenção do bem-estar de suas populações já envelhecidas por meio do que se poderia chamar de uma *recolonização*, só que desta vez financeira, isto é, por meio das condicionalidades de empréstimos ou de investimento estrangeiro direto. No caso do Brasil, segundo Bresser-Pereira, isso se dá a partir de 1991, quando o país voltou por um tempo à condição semicolonial que tivera antes de 1930. Pergunta ele: "Como é possível explicar isso? Dado que a nação é um desafio e uma construção de cada dia, como é possível que um país abandone a sua revolução nacional e capitalista, quando sabemos que ela é condição do desenvolvimento econômico? Como explicar essa perda da ideia de nação?"[21] Uma ideia de nação que imperou, até por efeito da guerra, durante o envelhecimento dos países ricos.

---

[21]BRESSER-PEREIRA, L. C. *A construção política do Brasil — sociedade, economia e estado desde a Independência*. São Paulo: Editora 34, 2015, p. 300.

A economia brasileira permanece fiel a esse projeto de não desenvolvimento ditado pelo Consenso de Washington de 1991 a 2006, quando retorna a um projeto desenvolvimentista. Nesse período, o crescimento da população brasileira despencava para 1,6% a.a., de 1990 a 2000, contra 3% a.a. de 1950 a1970, e começava a despertar os demógrafos para o início do fenômeno denominado "superenvelhecimento",[22] marcado não apenas pelo aumento do percentual de idosos (60 anos ou mais) na população, mas também pela ampliação do segmento dos maiores de 80 anos, que representavam menos de 1% em 1990 e alcançam 1,9% em 2014 (IBGE).

Portanto, enquanto no hemisfério norte os países ricos envelheceram sob um sentimento de nação acentuado pela guerra, o Brasil adotou, justamente quando iniciava uma nova transição demográfica, medidas de *desconstrução* desse sentimento e de individualização das sobrevivências subjugadas a um capitalismo chamado neoliberal. O país assumiu a condição de supridor de recursos (naturais e financeiros) para a sustentação — do muito que ainda sobrevive, embora sob ameaça — do Estado de Bem-Estar Social dos países ricos por meio de pagamento de juros da dívida e reduziu suas chances de manter o mínimo de Seguridade Social em longo prazo para si mesmo, pois, "na condição semicolonial, a nação se enfraquece por carência de um acordo entre as classes, por faltar a ela a característica que Otto Bauer definiu como fundamental, a consciência de um destino comum", como analisa Bresser-Pereira.[23]

---

[22]CAMARANO, A. A. (org) *Novo regime demográfico, uma nova relação entre população e desenvolvimento?*. Rio de Janeiro: Ipea, 2014, p. 82.
[23]BRESSER-PEREIRA, L. C. *A construção política do Brasil — sociedade, economia e estado desde a Independência*. São Paulo: Editora 34, 2015, p. 304.

BRASIL: ENVELHECENDO NO *CAPITALISMO DE DESCONSTRUÇÃO* 131

Nessas condições, continua ele, o país deixa de contar com uma estratégia nacional de desenvolvimento ou de competição internacional e o crescimento fica prejudicado, senão inviabilizado.[24] Outro ponto caro ao autor e necessário destacar para enriquecer a comparação com os países ricos concerne às condicionalidades para o endividamento dos países da América Latina, estas impostas pelo FMI desde a década de 1980. Essas condições ampliam a assimetria entre o processo de endividamento dos países europeus, ocorrido sob as taxas de juros reais praticamente negativas do Plano Marshall, e a América Latina. Nas décadas de 1970 e 1980, o Brasil e suas empresas, é preciso lembrar, passaram a ser "praticamente os únicos grandes tomadores de recursos do sistema financeiro internacional", a taxas de juros flutuantes, na chamada "reciclagem dos petrodólares"[25] — tudo isso ao bel prazer dos Estados Unidos.[26]

A partir de 1990, a condicionalidade ímpar dos credores passa a ser a abertura da conta de capitais sob a justificativa de que países com liberalização financeira garantiam aspectos positivos para o crescimento econômico, o que trabalhos empíricos de economistas brasileiros e estrangeiros — e os fatos — negaram posteriormente. Ainda mais, tal

---

[24]*Ibid.*

[25]Os petrodólares (ou eurodólares) foram os recursos provenientes dos países produtores integrantes da OPEP que passaram, com a alta da *commodity*, a acumular a moeda norte-americana e a aplicavam em bancos europeus, principalmente, suscitando a estes uma necessidade de encontrar a quem emprestar esses dólares para garantir a rentabilidade aos clientes. Criou-se, assim, naquele momento uma indústria de endividamento na América Latina e na África.

[26]REGO, J. M.; LACERDA, A. C.; BOCCHI, J. I.; BORGES, M. A.; MARQUES, R. M. *Economia Brasileira*. São Paulo: Editora Saraiva, 2010, 4ª edição, p. 135.

132 ECONOMIA DA LONGEVIDADE

liberalização significou, em última análise, a perda da autonomia do país sobre a sua taxa de câmbio, o que acentuou a desindustrialização.[27]

O câmbio flutuante, um dos pontos do Consenso de Washington, foi definitivamente adotado em 1999 após a primeira desvalorização do real, com o frustrante crescimento do PIB, mesmo com o fim da inflação alta. Ao lado do compromisso com o *superávit primário* e as *metas de inflação*, o *câmbio flutuante* passa a compor o chamado "tripé macroeconômico", que passaria a reger a macroeconomia brasileira no século XXI.

A desindustrialização dificultará ainda mais o enfrentamento pelos trabalhadores brasileiros das metamorfoses ocorridas no mundo do trabalho na economia *mundializada*, comprometendo definitivamente a poupança para a velhice da grande maioria da população, dependente exclusivamente da previdência pública. No Brasil, mais de 80% da população idosa mantém a cobertura do sistema público, a despeito de um valor médio dos benefícios muito baixo.[28]

A desindustrialização é mais um elemento dessa assimetria do envelhecimento global, pois, como mencionado, a Europa envelheceu construindo suas grandes empresas multinacionais, seus "campeões nacionais" por meio de subsídios fortes, o que a política do Consenso de Washington impossibilitou para os países da América Latina. Um dos motivos

---

[27]BRESSER-PEREIRA, L. C. *A construção política do Brasil — sociedade, economia e estado desde a Independência*. São Paulo: Editora 34, 2015, p. 325.

[28]Em 2016, o valor médio era de R$ 1.283,93, pouco mais da metade da renda média do trabalhador ativo, segundo dados do Ministério da Fazenda. No entanto, no mesmo ano, 68,6% dos benefícios pagos pelo INSS (sistema de repartição com a maioria dos aposentados brasileiros, somando 23 milhões) têm valor de até um salário mínimo que, naquele ano, era de R$ 880,00.

é que essa política legou uma crônica deficiência estrutural para os países pobres financiarem suas empresas, sobretudo a ausência de um forte mercado de capitais doméstico, estrangulado pelos juros altos (ou pela tributação excessiva) e limitado principalmente pela fragilização imposta às empresas pela lógica da *finança*.[29]

Outra deficiência se dá pelo fato de o discurso ideológico no século XXI condenar a opção por "campeões nacionais", obrigando, com isso, os países pobres a sempre ter que justificar a adoção de qualquer política estratégica de industrialização[30] ou condenar qualquer tentativa de efetuar essa política com a demonização do Estado — neste caso, pela atuação de seu banco de desenvolvimento (BNDES) ou opção por setores a serem estimulados, como fizeram (e ainda fazem) países ricos onde detectaram vantagens comparativas ou competitivas.[31]

A assimetria entre o envelhecimento dos países é ainda mais acentuada pela questão fiscal. A imposição de austeridade em nome de uma "credibilidade" exigida pelos investidores estrangeiros faz o Brasil adotar uma política "contrária

---

[29]PLIHON, D. As grandes empresas fragilizadas pela finança In: CHESNAIS, F. (org.) *A finança mundializada*. Trad. Rosa Maria Marques e Paulo Nakatani. São Paulo: Boitempo Editorial, 2005.
[30]MITERHOF, M. T.; FERRAZ, J.C.; MARQUES, F.S. BNDES: preenchendo lacunas, corrigindo falhas e induzindo externalidades. In: BARBOSA, N.; MARCONI, N.; PINHEIRO, M.C.; CARVALHO, L. (orgs.). *Indústria e desenvolvimento produtivo no Brasil*. São Paulo: FGV/EESP/IBRE, 2015, p. 468.
[31]ANÍBAL, S. Alemanha cria fundo para proteger empresas de aquisição estrangeira, reportagem no diário português Público, disponível em https://www.publico.pt/2019/02/05/economia/noticia/alemanha-cria--fundo-proteger-empresas-aquisicoes-estrangeiras-1860851/amp?fb_ref=pOF7EHZT5P-Facebook&__twitter_impression=true Acesso em 6 de fevereiro de 2019. Em fevereiro de 2019 a Alemanha anuncia sua intenção de promover nova política de campeões nacionais por meio de um fundo público dentro da Estratégia Nacional para a Indústria em 2030. Ver Aníbal, 2019.

134 ECONOMIA DA LONGEVIDADE

aos interesses nacionais"[32] e sacrifica o seu "seguro coletivo", a sua rede de Seguridade Social, sujeita a diversas reformas restritivas e limitações orçamentárias desde os anos 1990.[33] A principal delas é a desvinculação das receitas orçamentárias garantidas na Constituição de 1988, promovida no momento de edição do Plano Real, destinando menos recursos para a saúde, previdência social e assistência social.[34] Em 2016, essas desvinculações foram ampliadas ainda mais em seus percentuais depois da saída de Dilma Rousseff da presidência da República.[35] Mesmo quando a carga tributária é ampliada, a Seguridade Social perde participação na totalidade da receita de impostos e contribuições sociais, como ocorreu entre 1997 e 2007. Da década de 1990 para a de 2010, o Governo Federal reduziu sua participação nos gastos totais com saúde no país de 70% para 40%.

---

[32]BRESSER-PEREIRA, L. C. *A construção política do Brasil — sociedade, economia e estado desde a Independência*. São Paulo: Editora 34, 2015, p. 326.

[33]MARQUES, R.M.; FERREIRA, M.R.J. *O Brasil sob a nova ordem*. São Paulo: Editora Saraiva, 2018.

[34]Em 1994, o governo cria o Fundo Social de Emergência, dois anos depois transformado em Fundo de Estabilização Fiscal e, em 2000, denominado finalmente como Desvinculação das Receitas da União. A DRU libera ao governo 20% do total de receitas tributárias para destinar à economia para pagamento do serviço da dívida. Isso significa dizer que os recursos das contribuições sociais, que a Constituição Federal determinava a Seguridade Social como destino obrigatório, foram desviados para outro fim.

[35]Durante doze anos (1988-2000), portanto no período de Democracia-Justiça Social, os percentuais orçamentários destinados à Saúde Pública eram aleatórios, ou seja, à mercê da vontade política de cada governante em todos os níveis de governos. Só foram vinculados com a Emenda Constitucional 29, aprovada em 2000, mas regulamentada depois de mais doze anos (Lei Complementar 141/2012 para o parágrafo 3º do Art. 198 da CF). Mesmo assim, só obrigou percentuais mínimos sobre a receita líquida para estados (12%) e municípios (15%) sem obter sucesso de vincular receitas da União para a Saúde no patamar de 10%. O Governo Federal ficou obrigado apenas a corrigir o orçamento de acordo com a variação do PIB ou da inflação em caso de recessão.

BRASIL: ENVELHECENDO NO *CAPITALISMO DE DESCONSTRUÇÃO* 135

Esse enfraquecimento da Seguridade Social brasileira é ainda mais grave porque, ao contrário do hemisfério norte, o Estado do Bem-Estar Social na América Latina, comparativamente ao verificado nos países ricos, como mostrados no segundo capítulo, limitou-se por aqui a ser uma mera promessa. Até porque, como cita Harvey, o Terceiro Mundo sustentou o *Welfare State* dos países ricos não só com o endividamento em "petrodólares", mas com uma mão-de-obra barata explorada pelas multinacionais, numa espécie de "fordismo periférico".[36] Algo que hoje volta a se repetir nos países da Ásia, da América Latina ou do Leste Europeu, seja pela imigração de fábricas, seja pela mobilização das mesmas.

Nos países da América Latina, a Modernidade, como conclui o sociólogo José de Souza Martins, caracterizou-se por sua "anomalia" e sua "inconclusividade".[37] Sérgio Paulo Rouanet chama a atenção para o fato de o Brasil estar "vivendo a revolta antimoderna, que hoje grassa no mundo, sem jamais termos vivido a Modernidade"[38], sobretudo devido à escravidão. Não apenas por ter sido o último país a abolir os escravos, abandonando-os à própria sorte sem conferir nenhum tipo de indenização material ou social, mas pela sobrevivência da mentalidade escravagista em sua sociedade e nas relações de trabalho ditas modernas com a população negra.

Em sua análise sociológica da reprodução capenga da modernidade na América Latina, em particular no Brasil,

---

[36]HARVEY, D. *Condição pós-moderna*. São Paulo: Edições Loyola, 24ª edição, 2013, p. 146.
[37]SOUZA MARTINS, J. *A sociabilidade do homem simples, cotidiano e história na modernidade anômala*. São Paulo: Editora Hucitec, 2000, p. 18.
[38]ROUANET, J.P. *Mal-estar na modernidade*, São Paulo: Companhia das Letras, 1993, p. 10.

136 ECONOMIA DA LONGEVIDADE

Chico de Oliveira (2004)[39] afirma que o caso latino-americano sempre se pareceu mais com um "Estado do Mal-Estar Social". Esse ambiente incômodo seria, além da "inconclusividade" e da "anomalia" já apontadas, em um período posterior do capitalismo, a representação de uma democracia que produziu duas rotas distintas: a estabilidade da baixa desigualdade nas economias avançadas e a estabilidade da alta desigualdade no Brasil.[40] O modelo de *Welfare State* latino-americano, como diz José Luis Fiori,[41] sempre foi um "projeto fraco, uma espécie de desenvolvimentismo consentido".

Desta forma, seguindo um raciocínio de Raquel Rolnik, "diferentemente dos países da Europa ocidental, o Brasil nunca teve nada parecido com um sistema de bem-estar ao longo de sua história".[42] A História, como se procurou mostrar aqui, torna risíveis as comparações de percentuais do PIB destinados à previdência social entre o Brasil e a Noruega, como aparecem no debate público e legam ao descrédito o discurso que domina o senso comum — como "uma segunda pele" de grande parte dos brasileiros — de que o envelhecimento populacional provoca um inevitável

---

[39]OLIVEIRA, F. (2004) *Por que política?*, palestra no Fórum da Sociedade Civil na Unctad, São Paulo, site do Ibase, acesso em 05 de maio de 2014, disponível em *http://www.ibase.br/userimages/francisco_de_oliveira_port.pdf*.

[40]ARRETCHE, M. *Trajetória das desigualdades: como o Brasil mudou nos últimos cinquenta anos*. São Paulo: Centro de Estudos da Metrópole/Editora Unesp, 2015, p. 424.

[41]FIORI, J. L. "As trajetórias intelectuais do debate sobre desenvolvimento na América Latina" In: BRANDÃO, C. A. (org.) *Teorias e políticas do desenvolvimento latino-americano*. Rio de Janeiro: Centro Internacional Celso Furtado de Políticas para o Desenvolvimento e Editora Contraponto, p. 24.

[42]ROLNIK, R. *Guerra dos lugares, a colonização da terra e da moradia na era das finanças*. São Paulo: Boitempo, 2015, p. 266.

esgotamento do Estado por este, supostamente, ter de acatar as demandas da Seguridade Social. Sem a História, é fácil enxergar a população com lentes malthusianas, ou seja, como um problema social.[43] Mais fácil ainda imaginar que a questão previdenciária possa ser resolvida com soluções que, mesmo em países ricos, mostraram-se ineficazes. Um dos exemplos mais notáveis é o modelo de poupança por contas individuais de capitalização, como ocorreu nos Estados Unidos e no Chile, como mencionado. Ou ainda a transformação do sistema público em contas de capitalização, o que entregaria a gestão para bancos privados com fins lucrativos. E também o discurso que sustenta um progressivo aumento da idade mínima para a aposentadoria sob a justificativa da longevidade ou da nebulosa constatação de que "o brasileiro se aposenta cedo demais". É preciso considerar a História e a Geopolítica forjada pela atuação dos países motivados pela concorrência capitalista global.

A frase: "Os países ricos ficaram ricos antes de envelhecer e os países pobres — Brasil incluído — envelhecerão antes de ficar ricos" serve, com raríssimas exceções, de introdutório a um discurso em defesa da redução dos direitos sociais, das reformas nos sistemas de aposentadoria, com clara desvantagem para os trabalhadores de renda mais baixa, sem considerar toda a relação social, histórica, escolhas políticas que construíram a economia sob a qual os países pobres estão envelhecendo. O êxito deste discurso justifica um

---

[43]CAMARANO, A.A.; KANSO, S.; FERNANDES, D. A população brasileira e seus movimentos ao longo do século XX. In CAMARANO, A. A. (org) *Novo regime demográfico, uma nova relação entre população e desenvolvimento?* Rio de Janeiro: Ipea, 2014, p. 99.

138 ECONOMIA DA LONGEVIDADE

Estado capturado justamente pelos mais ricos e reduzido (ou mínimo) para os mais pobres.[44] Esse discurso induz o ouvinte a adotar uma postura colaborativa ou resiliente, conveniente ao novo espírito de engajamento, diante de um capitalismo que bem poderia ser adjetivado, em contraponto à qualificação escolhida por Piketty, como "capitalismo da *desconstrução*". Nesta economia, o cidadão deve conformar-se com o fato de que, em meio às imposições econômicas e sociais provocadas pela demografia, "o Estado não pode tudo" — e esse mesmo Estado, em suma, acaba não podendo atendê-lo em nada. É um Estado muito além do prefixo "pós", também fortemente carregado de um efeito enigmatizante, como apontado por diversos autores.[45]

A sociedade contemporânea é a da fase "des" — um prefixo incansavelmente adotado por toda a bibliografia analisada aqui e que, poder-se-ia dizer, caracteriza esse capitalismo do século XXI, no qual envelhecerão os países pobres. Como lembra Bauman, "o prefixo 'des' indica anomalia".[46] A fase da economia baseada nos elementos descritos por vários autores, desde a década de 1990, de *desregulamentação*, *descompartimentalização*, *desintermediação*, elementos constituidores do neoliberalismo no campo da *finança*, promoveria a *desmonopolização*, a *desestatização* e a *descentralização* (antes fortalecida pelo planejamento) em favor do crescimento econômico

---

[44]SOUZA, J. *A tolice da inteligência brasileira, ou como o país se deixa manipular pela elite*. São Paulo: Editora Leya, 2015, p. 256.
[45]GIDDENS, A. *As consequências da modernidade*. São Paulo: Editora Unesp, 1991. BELL, D. (1977) *O advento da sociedade pós-industrial: uma tentativa de previsão social*, São Paulo, Cultrix. BECK, U. *Sociedade de risco, rumo a uma outra modernidade*, São Paulo: Editora 34, 2011.
[46]BAUMAN, Z. *Vidas desperdiçadas*, Rio de Janeiro: Jorge Zahar Editor, 2005, p. 19.

BRASIL: ENVELHECENDO NO *CAPITALISMO DE DESCONSTRUÇÃO* 139

e com a promessa de promover o emprego e o bem-estar. No entanto, aqueles três "D" resultaram em outra etapa, a saber, marcada também pelo mesmo prefixo "des". Essa etapa poderia ser resumida em *desindustrialização, desnacionalização e descapitalização*, principalmente, dos países da América Latina, que produziram *desengajamento, descontinuação, desabrigados, desempregados, desencaixados, desmatamento (ambiental), descarbonização, dessindicalização, desestatização, desigualdade (social), desmantelamento (do contrato social) ou desproteção (social), desagregação, desmaterialização, desidentificação, desinformação, desfactualização, desmidiatização, desvinculação, desaposentadoria, desconstitucionalização, deslocalização, desdemocratização, desterritorialização, des-responsabilização, desordem, destradicionalização*, entre outros inúmeros "des" repetitivamente citados na literatura sociológica e econômica que culminaram na ideia de *desglobalização*. Ou pior: *desumanização*.

A questão é que nenhum ser humano *desenvelhece*. Na palavra "envelhecer" inexiste o prefixo "des". O ser humano pode mudar de aparência, como destacam os filósofos Éric Deschavanne e Pierre-Henri Tavoillot,[47] de nome, de nacionalidade e até mesmo de sexo, mas não de idade. O único "des" admissível, portanto, para quem vive do trabalho é o "des" de *desafio* (do latim *disfidare*, renunciar à própria fé). O que interessa é investigar como essa empreitada se dará em meio a este *capitalismo de desconstrução* que promoveu inúmeras metamorfoses no mundo do trabalho e que, no nosso século, reina indiscriminadamente nos países pobres e nos países ricos já envelhecidos.

---

[47]DESCHAVANNE, E.; TAVOILLOT P-H. *Philosophie des âges de la vie*, Paris: Grassett, 2007, p. 26.

Questionamentos

O desafio maior no *capitalismo de desconstrução* é devolver à Economia o seu sentido humano. É da natureza do capital impor o seu tempo, a despeito do tempo humano. No entanto, se tem a pretensão de ciência, a Economia será obrigada a encontrar respostas para as transformações decorrentes da dinâmica de seu objeto. Cabe a ela administrar a vitória capitalista: a longevidade humana. Isto implica que a Economia, como defendem muitos economistas, precisa se redescobrir como uma parte das Ciências Sociais. A primeira condição para isso, como diz Thomas Piketty,[1] é que os economistas sejam mais humildes. A outra é que voltem a estudar História e, talvez, redescubram a sua finalidade original, qual seja, a igualdade social.

Quase todos os grandes economistas dos séculos XVIII e XIX foram atraídos para o estudo da Economia, quando esta se constituía como "ciência", pois eram intelectuais inconformados com a pobreza, o desperdício de vidas humanas, a restrição de oportunidades, a exploração, ou seja, a desigualdade social. Quase todos começam seus livros clássicos

---

[1]PIKETTY, T. "Estado bom muda sempre." Caderno *EU & Fim de Semana*. São Paulo: edição de 19, 20, 21 de julho de 2013, p. 14-16

142 ECONOMIA DA LONGEVIDADE

pintando grandes retratos daquela pobreza dickensiana dos primórdios do capitalismo, sobretudo os economistas liberais, a começar por Adam Smith (1723-1790) em seu *Teoria dos sentimentos morais* (1759).[2] Ele estava preocupado em oferecer uma melhor condição para a Humanidade.

Até certo momento, os economistas, mesmo dentro de um ambiente sempre hostil ao humano, obedeceram a um manual de ética e moral. Regras que acabavam sendo absorvidas pelo tecido permeável da sociedade. Richard Sennett[3] conta uma história exemplar do que se quer dizer aqui. É uma boa contribuição para se refletir sobre o espaço do trabalhador idoso hoje, no *capitalismo de desconstrução*. Por volta de 1870, os garçons idosos, ainda na ativa nos cafés de Paris, eram designados a atender às mesas exteriores, aquelas dispostas nas varandas dos estabelecimentos a compor a paisagem dos bulevares típicos da capital francesa.

O motivo para tal divisão de trabalho era permitir um prolongamento da vida laboral daqueles trabalhadores, respeitando as limitações da idade e não abrindo mão dos objetivos econômicos do dono do café. Os garçons idosos eram vistos como mais lentos, mais conversadores, e essas características eram aproveitadas economicamente ao servirem os clientes das mesas exteriores, pois estes as escolhiam porque estavam sem pressa. Os clientes não consideravam a lentidão daqueles trabalhadores idosos um defeito. Pelo contrário, plantados ali, sem falar com ninguém, ensimesmados, eles limitar-se-iam a apenas olhar o *piétonnage*.

---

[2]SMITH, A. *Teoria dos sentimentos morais*. São Paulo: WMF MARTINS FONTES, 2ª Ed., 2015.
[3]SENNETT, R. *Carne e pedra, o corpo e a cidade na civilização ocidental*. Rio de Janeiro: Bestbolso, 2014, p. 345.

QUESTIONAMENTOS 143

É fácil deduzir que quem ofereceu um trabalho para este garçom idoso era um capitalista. No entanto, uma regra moral vigente na sociedade influenciava suas decisões de gestão. Essa lógica do coletivo desapareceu. Está ausente no *capitalismo de desconstrução*, dominado pelo individualismo e pela ganância. O primeiro materializa-se, como dito, no vislumbre de oferecer respostas à longevidade e ao envelhecimento da população por meio de poupança individual, por exemplo, em contas de capitalização ditas de previdência. Um modelo que pode ser bem resumido em *cada um por si e o Estado por ninguém*. Ou melhor, o Estado para poucos, uma vez que o segmento de previdência privada é altamente subsidiado, dado que o participante deixa de pagar parte do imposto de renda — ou contribuir para o coletivo — em seu próprio benefício. Ou no de bancos, fundos e seguradoras. Uma lógica totalmente oposta ao que previa Smith.

O segundo, a ganância, pela obsessão com a hipertrofia dos ganhos financeiros, que se tornou o objetivo último de uma certa — e significativa — parcela dos economistas. Na prática, os economistas abandonaram a condição de cientistas sociais e travestiram-se, garantindo uma remuneração muitas vezes indecente, de financistas. Em muitos casos, uma pós-graduação em Finanças eleva a pessoa ao status de "economista" no debate público. Um interlocutor com esta formação ou com habilidades adquiridas nos bancos, onde, muitas vezes, trabalha ao lado de físicos ou *experts* em matemática recrutados por *expertise* meramente técnica, obviamente, despreza qualquer variável da História em seus modelos ou análises.

Sua missão profissional — ou quase religiosa — é garantir retorno aos acionistas, rentistas ou investidores internacionais. É preciso *desconstruir* qualquer barreira a impedir o

144 ECONOMIA DA LONGEVIDADE

alcance desses objetivos. Mesmo que essa barreira seja uma vida mais longa ou, sobretudo, direitos sociais e, em casos extremos, a própria democracia, que passa a ser odiada, como destaca o filósofo político Jacques Rancière.[4] Ou, até mesmo, a paz. Essa lógica *desconstruiu* a ética, a moral; na verdade, vem *desconstruindo* democracias e também aquilo que há de mais humano: a sociabilidade. No pacto social, essa solidariedade é refletida no consenso entre as classes sociais estabelecido por meio do sistema de seguridade social de cada país. Não à toa, sempre bom lembrar, na Constituição de 1988 (como em inúmeras outras na História e em outras sociedades), a Seguridade Social faz parte do capítulo da Ordem Social, ou seja, da harmonia ou da paz possível e imaginada por uma sociedade, seja ela capitalista ou não.

Envelhecer nestes tempos é envelhecer, sim, com mais e melhor saúde, caso comparemo-nos às gerações passadas, as quais viveram nas mesmas condições sociais. De um lado, isso abre possibilidades à pessoa idosa. De outro, o *capitalismo de desconstrução* impõe uma disputa *darwiniana* numa economia que registra a maior concentração de renda da História.[5] A base dessa economia tem sido a exclusão, enquanto seu principal produto tem sido a solidão. Minha hipótese é que este quadro social tem sido construído, principalmente, por meio de condições históricas, depois pelas mutações no capitalismo e, por fim, pelas transformações no mundo do trabalho.

---

[4]RACIÈRE, J. *O ódio à democracia*. São Paulo: Boitempo Editorial, 2014. Ver também Streeck (2018).
[5]PIKETTY, T. *O capital no século XXI*. Rio de Janeiro: Ed. Intrínseca, 2015. MILANOVIC, B. *Global Inequality, A New Approach for the Age of Globalization*. Cambridge: Harvard University Press, 2016.

É surpreendente observar como o Brasil tem oferecido como resposta aos desafios do seu envelhecimento populacional uma maior degradação das relações de trabalho. Não apenas o Brasil, evidentemente, mas todos os países pobres estão sendo convocados a emular exatamente as perversidades econômicas dos países ricos. Dito de outra maneira, o que os países ricos fizeram para se tornarem ainda mais ricos, no século XX, foi vetado aos países pobres; mas o que estão fazendo para se integrarem a uma lógica econômica desumana é, além de permitir a emulação pelos países pobres desta *desconstrução*, recomendá-la ou impô-la por meio de uma coerção simbólica via esfera da chamada "finança". De novo usando a feliz metáfora de Chang, esse é o momento de devolução da escada aos países pobres. A principal ação é a desregulamentação do mercado de trabalho, suscitada pela *mundialização do capital* e pela chamada Quarta Revolução Industrial. Após a reforma trabalhista de 2017, quando o país assume como legal o roubo do trabalho intermitente, entre outras alterações, o economista David Kupfer,[6] sugestivamente, rebatizou a Consolidação das Leis do Trabalho, a CLT de 1943, de *Desconstrução* das Leis do Trabalho (DLT). Sintomático.

É dispensável destacar aqui que a velhice demanda aprofundamento do senso coletivo. É o momento de maior interdependência, correlação e necessidade de cuidados e compreensão. Em uma palavra: solidariedade. O *capitalismo de desconstrução* empurra, justamente no ambiente mais sensível, o mundo do trabalho — só que para o lado oposto.

---

[6]KUPFER, D. A estreia da DLT. Artigo no jornal *Valor Econômico*. São Paulo: edição de 8, 9 e 10 de abril de 2017, p. A13.

146 ECONOMIA DA LONGEVIDADE

O pior é que, desta vez, o fenômeno é global e iguala os países ao paradigma da produtividade chinesa e de outros países da Ásia. O maior exemplo de reação — ou consequência — a esta tendência é a criação do Ministério da Solidão pelo governo britânico[7] para enfrentar o crescimento de mortes evitáveis, por suicídio ou em idades bem abaixo da expectativa média de vida. Em outras palavras, impedir que o capitalismo desperdice a riqueza que ele mesmo criou ao longo de séculos, isto é, a longevidade.

A única saída para uma boa gestão do envelhecimento populacional é a economia voltar-se para o *des* até agora menosprezado. É o *des* da *desconcentração* de renda e riqueza. O Brasil tem um prazo curto para reagir, soberanamente, às imposições da economia mundial. A concorrência global, com o envelhecimento populacional em processo acelerado, tende a ser mais acirrada, pois muitos países ricos começam a dar os primeiros sinais de alerta sobre um possível retrocesso — ou uma possível derrota — na revolução da longevidade. Os Estados Unidos e o Reino Unido já registram quedas na expectativa de vida de alguns segmentos populacionais. O primeiro deles está entre homens brancos e não-hispânicos, isto é, o norte-americano típico.[8]

No caso do Reino Unido, as previsões feitas pelo Office for National Statistics (ONS) em 2014 eram de uma expectativa

---

[7]FELIX, J. Lessons for Brazil from Theresa May's Ministry of Loneliness. Artigo publicado no *International Network for Critical Gerontology*. Ontario: McMaster University, 2018. Disponível *em https://criticalgerontology.com/ brazil-ministry-of-loneliness/* Acesso em 13 de abril de 2018.
[8]DEATON, A.; CASE, A. *Rising morbidity and mortality in midlife among White non-Hispanic Americans in the 21st century*. NJ: Woodrow Wilson School of Public and International Affairs and Department of Economics, Princeton University, 2015, NJ 08544, vol. 112, n° 49, p. 15078-15083.

de vida, ao nascer, de 87,1 anos para as mulheres em 2041. Em 2016, a projeção foi reduzida para 86,2. No caso dos homens, a queda foi de 84,3 para 83,4 anos. Em outras palavras, os britânicos estão perdendo quase um ano de vida a cada dois anos. Tal panorama é assustador, mesmo levando em conta que, nas idades avançadas, a tendência é que a expectativa de vida cresça. Os estatísticos do governo afirmam em relatório que a expectativa de vida ao nascer continuará a cair nos próximos anos.

Os professores Danny Dorling e Stuart Gietel-Basten, especialistas em Saúde Pública, fizeram as contas com base nos dados da ONS. Serão mais de 1 milhão de mortes evitáveis até 2058. O período de melhora nas condições de saúde, que durou 110 anos, segundo eles, chegou ao fim. Não porque o avanço tecnológico estagnou. Pelo contrário. O problema é o acesso a uma rede de proteção social cada vez mais encolhida pela política de teto de despesas a impor "cortes de gastos selvagens" na saúde e uma visão de que o Estado pode delegar mais responsabilidades coletivas aos indivíduos e suas famílias, a chamada "reprivatização da velhice".[9]

Isso significa dizer que, como destacado aqui desde o início, o Brasil (e todos os países pobres) envelhecerão em um ambiente econômico mundial extremamente hostil. Se no período do pós-guerra havia um espírito de cooperação, as próximas décadas serão de concorrência insana — como as decisões do presidente norte-americano Donald Trump e de tantos outros líderes contemporâneos evidenciam. O Brasil só será vitorioso nesta *batalha pela vida* — literalmente — com

---

[9]DEBERT, G. G. *A reinvenção da velhice: socialização e processos de reprivatização do envelhecimento*. São Paulo: Edusp/Fapesp, 1999.

148 ECONOMIA DA LONGEVIDADE

uma postura de soberania em sua política externa e de defesa de suas riquezas primordiais, como o pré-sal.

Os países pobres, portanto, envelhecerão sem nenhuma possibilidade de ficarem ricos, como ocorreu com os países do hemisfério norte ou do chamado "Ocidente". Só esta perspectiva já seria suficiente para a adoção de novos fundamentos econômicos que justificassem, por parte dos países em processo acelerado de transição demográfica — como o Brasil —, uma política criativa para o envelhecimento.[10] O agravante é que, desta vez, os países ricos correm contra uma espécie de efeito bumerangue deste *capitalismo de desconstrução* que eles mesmos criaram para sustentar as suas próprias dinâmicas demográficas no século XX. Como irão se comportar nesta corrida global em relação aos países pobres?

O envelhecimento populacional, embora desigual, é uma espécie de planificador dos objetivos econômicos de todo o planeta no século XXI. Neste aspecto, talvez, a Terra seja mesmo plana. O mundo, no entanto, enfrenta o dilema da heterogeneidade do próprio envelhecimento humano. É uma escolha, sempre, muito mais política e social do que individual. As escolhas individuais, obviamente, são sempre limitadas e impossíveis de serem determinadas a despeito da sociedade. Alguns economistas e boa parte da imprensa acreditam que as soluções para o envelhecimento populacional possam estar em escolhas intertemporais. Poupe hoje porque no futuro será possível uma velhice sustentável. Esse raciocínio, base da economia neoclássica, além de confinar os desafios do envelhecimento à questão

---

[10]KLIMCZUK, A. *Economic Fundations for Creative Ageing Policy*. N.Y.: Context and considerations, Palgrave Macmillan, 2015, volume 1.

de renda, apaga todas as tonalidades sociais. Como lembra o economista Branko Milanovic, o quintil mais pobre de algumas nações de alta renda (como a Dinamarca) é, em média, mais rico do que o quintil mais rico de nações de baixa renda (como Mali).[11] No caso do Brasil, o discurso das escolhas intertemporais despreza o fato de 73% da população terem capacidade zero de fazer qualquer tipo de poupança (de acordo com uma pesquisa do Serviço de Proteção ao Crédito).[12] Esse discurso talvez esteja mais orientado ou influenciado por outro dado, imensamente paradoxal, da economia brasileira. É a curiosidade gerada pelo fato de que o Brasil, mesmo com uma população com tão baixa capacidade de poupança, sustenta 16 mil fundos de investimentos ativos, segundo a Associação Brasileira das Entidades dos Mercados Financeiros e de Capitais (Anbima).[13] Este dado é ainda mais enigmático, pois em cada dez brasileiros que poupam, seis o fazem apenas em caderneta de poupança. Portanto, existem fortes indícios de que o discurso de escolhas intertemporais para garantir um bom envelhecimento é um discurso de classe.

Todos esses pontos questionados aqui são omitidos no debate público e na imprensa. A narrativa construída é de um Brasil corrupto, perdulário e "generoso" em sua rede de proteção social. Um país no qual o grande problema da questão do envelhecimento é seu sistema de previdência. Um dos argumentos mais usados é a divulgação de

---

[11]MILANOVIC, B. *Global Inequality, A New Approach for the Age of Globalization*. Cambridge: Harvard University Press, 2016

[12]Pesquisa retirada do Indicador de Reserva Financeira realizada pelo Serviço de Proteção ao Crédito. Esse indicador manteve-se praticamente estável entre 2016 e 2018. Ver em *www.spcbrasil.org.br*

[13]Ver *www.anbima.com.br*

150   ECONOMIA DA LONGEVIDADE

relatórios econômicos dando conta de que o país gasta um percentual do PIB maior em Seguridade Social, ou especificamente na Previdência, do que os países cujas populações são menos envelhecidas. Pouco ou nada é dito sobre os efeitos sociais desse nível de gasto nesses outros países. Em alguns, o gasto é menor porque a pessoa idosa mantém o poder de compra, pois a saúde, o transporte, a moradia e os cuidados de longa duração são estatais, gratuitos ou altamente subsidiados. Ou seja, os países ricos, hoje em dia, poupam na previdência justamente por terem gastado mais nas outras áreas sociais no passado, como visto aqui desde o primeiro capítulo. Este "patrimônio social" ainda hoje preservado explica, em boa parte, o motivo da menor desigualdade. Eles usaram o sistema de seguridade social como distribuidor de renda, algo que hoje muitos economistas defendem que não deva ser realizado, posto como objetivo dos sistemas de previdência.

Os países ricos estão enfrentando muitos problemas, e estes são tão maiores naqueles onde os cortes de orçamento da Seguridade Social também foram mais significativos. Nada é dito quando tabelas sobre o aumento do alcoolismo, do isolamento, das doenças da "sociedade do cansaço" e do suicídio são apresentadas em seminários ou divulgação de pesquisas na imprensa. Muitos economistas estão pouco preocupados com estes aspectos. Nada é dito também sobre a reação econômica estratégica dos países. Aqueles que construíram sistemas de seguridade social depois de bombas e de destruição evidentemente jamais ficariam parados, assistindo ao desmoronamento de suas sociedades de braços cruzados.

É neste ponto que assume relevância a estratégia da *Economia da Longevidade*, a qual preza pela ampliação dos

QUESTIONAMENTOS 151

investimentos em pesquisa, desenvolvimento e inovação para a reindustrialização a partir de uma nova cesta de consumo das famílias.[14] Famílias com menos crianças e mais idosos. É uma resposta desenvolvimentista dos Estados Unidos, do Japão e, sobretudo, da União Europeia.[15] *A construção de um complexo econômico-industrial da saúde e do cuidado* é uma condição fundamental para atender às novas necessidades de uma população idosa e gerar riqueza a partir da dinâmica demográfica.[16] Mais uma vez, é preciso lembrar aos economistas que a origem da palavra "economia" é o estudo do lar, portanto, do comportamento humano, e não da alquimia das finanças propagadas por cursos de MBA.

Quais as chances de o Brasil emular a estratégia da *Economia da Longevidade*? Essa é a questão em pauta de um ponto de vista macroeconômico. O envelhecimento da população, por um lado, gera novas despesas, mas, por outro, gera novas fontes de riquezas no comércio mundial. Qual a viabilidade de um país que destina 500 bilhões de reais ao ano para pagamento de dívida possa ampliar o investimento em pesquisa e inovação para entrar nessa disputa mundial de altíssima sofisticação produtiva? Lembre-se sempre de que a justificativa para a promoção de uma reforma da Previdência é para reservar mais recursos para pagamento de dívida e,

---

[14]FELIX, J. Silver Economy: opportunities and challenges to Brazil adopt European Union's strategy. *Innovation: The European Journal of Social Science Research*, v. 29, issue 2, p. 115-133, 8 april 2016.

[15]OCDE. *"Silver Economy" and Ageing Society: An Opportunity for Gorwth and Job Creation in the G-20 Coutries*, relatório do G-20 Workshop, 24 de junho de 2015, Roma.

[16]FELIX, J. "Economia da Longevidade, Gerontecnologia e a construção do complexo econômico-industrial da saúde no Brasil: uma leitura novo-desenvolvimentista." Revista *Kairós Gerontologia*, v. 21 (1), p. 107-130. São Paulo: PUCSP, 2018b.

152 ECONOMIA DA LONGEVIDADE

talvez, para redirecionar uma migalha para o investimento social em saúde, educação e assistência social.[17]

O confinamento do debate sobre o envelhecimento populacional somente na questão da Previdência Social, como tenho repetido há mais de uma década, é apenas uma tática perversa para a privatização paulatina do sistema de repartição público. Não há, de maneira alguma, o objetivo de solver o sistema. Muito menos de atender às demandas de uma sociedade envelhecida. Além da *economia da longevidade*, alternativas de políticas sociais, reformas do sistema de proteção social fordista, como, principalmente, a renda básica universal, estruturação da rede de cuidados, regulamentação do mercado de trabalho com diferenciações diversas para o trabalhador idoso; tudo isso vem sendo apontado por diversos cientistas sociais[18] e até mesmo pelo

---

[17]A questão do endividamento mereceria aqui uma exploração maior. No entanto, fugiria ao nosso escopo. De maneira a mitigar essa carência, recorro ao professor Antônio Corrêa de Lacerda (2016) para destacar que o Brasil tem uma dívida pública líquida de 33,6% do PIB (dado de 2016) com custo de 5,2% do PIB, enquanto países cujas dívidas líquidas são proporcionalmente equivalentes, têm um custo de financiamento em torno da metade ou menos ainda, como a Polônia, com 2,1%, Holanda com 1,3%, Canadá com 0,4%, ou Coréia do Sul, que muitos gostam de comparar com Brasil, mas esquecem de dizer que esse país tem um custo de dívida com taxa inferior a zero. Lacerda acrescenta ainda que, mesmo em países com dívida líquida superior à brasileira, como Espanha (60,5% do PIB), Portugal (118,5%), Grécia (169,7%), o custo de financiamento é, respectivamente, de 2,9%, 3,8%, 3,6%. Portanto, segundo ele, existe uma clara distorção. Essa análise permite questionar se a redução de despesa com a Previdência Social seria destinada mesmo a investimentos, como afirmam os defensores da reforma, ou para a área social. Ou um suposto alívio do item previdência no orçamento da União iria imediatamente ser consumido por mais juros?

[18]TRONTO, J. Theres is an Alternative: Homines Curans and the Limits of Neoliberalism. *International Journal of Care and Caring*: 2017 1, n° 1, p. 27-43, Policy Press, Doi: *https://doi.org/10.1332/239788217X14866281687583* PARIJS, P.V.; VANDERBOURGT, Y. *Renda básica – uma proposta radical para*

QUESTIONAMENTOS 153

FMI (2017).[19] Esses temas, no entanto, têm menos repercussão na imprensa e no debate público, que empresta prioridade exclusiva à reforma da previdência. Por que não existe interesse em ampliar o debate para muito além da previdência?

Longe de defender a manutenção do *status quo* na questão previdenciária, sobretudo diante de sua desigualdade a partir de privilégios de categorias jamais ameaçados. O que procurei chamar a atenção aqui é que os desafios do envelhecimento populacional são muito mais amplos e repletos de interesses econômicos domésticos e internacionais.

A insistência em soluções políticas e sociais complexas ou vistas como totalmente resolutivas para a sustentabilidade do sistema, como, citando caso análogo, a idade mínima, impede a busca de alternativas. Alguns países já perceberam isso, como a Suécia, por exemplo, com seu modelo de previdência inovador, o qual está, pouco a pouco, influenciando a

---

uma sociedade livre e uma economia sã. Prefácio Eduardo M. Suplicy. São Paulo: Editora Cortez, 2018. SUPLICY, E.M. *Renda de cidadania, a saída é pela porta*. São Paulo: Cortez Editora/Fundação Perseu Abramo, 2002. CEPAL *A ineficiência da desigualdade*. Santiago: Sintese, 2018. OCDE. *Preventing Ageing Unequally*. 2017.Disponível em *http://www.oecd-ilibrary.org/employment/preventing-ageing-unequally_9789264279087-en* Acesso em 25 de setembro de 2017. KLIMCZUK, A. *Economic Fundations for Creative Ageing Policy*. N.Y.: Context and considerations, Palgrave Macmillan, 2015, volume 1. FELIX, J. *Economia da Longevidade: o envelhecimento da população brasileira e as políticas públicas para os idosos*. 2009. Dissertação de mestrado no Programa de Estudos Pós-graduados em Economia Política da PUC-SP, disponível em *www.dominiopublico.gov.br* OSTRY, J. D., FUCERI, D., LOUNGANI, P. *Neoliberalism: oversold?*. IMF Finance & Development, june 2016. p. 38-41. Disponível em: *http://www.imf.org/external/pubs/ft/fandd/2016/06/ostry.htm*
[19]FMI. *Fostering Inclusive Growth*, G-20 Leader's Summit July 7-8, 2017, Note, IMF. Disponível em: *https://www.imf.org/external/np/g20/pdf/2017/062617.pdf*

Europa, a começar pela França de Emmanoel Macron, presidente à época da produção deste livro.

É impossível desvincular a discussão demográfica da discussão teórica e histórica decisiva para a formulação de um projeto econômico e uma estratégia social para os países pobres. Apagar a História econômica, que é o fator determinante do tipo de inserção global na economia mundializada, como ensinou Alexander Gerschenkron, é ineficaz, como alguns cientistas sociais têm alertado,[20] para encontrar soluções capazes de alterar a rota que aponta hoje na direção da degradação e da entropia não só das sociedades latino-americanas, mas também da África, parte da Ásia e até mesmo dos países ricos. Essa realidade é o que poderíamos denominar de geopolítica do envelhecimento.

---

[20]FIORI, J. L. As trajetórias intelectuais do debate sobre desenvolvimento na América Latina. In: BRANDÃO, C. A. (org.) *Teorias e políticas do desenvolvimento latino-americano*. Rio de Janeiro: Centro Internacional Celso Furtado de Políticas para o Desenvolvimento e Editora Contraponto, 2018, p. 19.

PARTE II

Economia da longevidade, um caminho para o desenvolvimento econômico[1]

---

[1]Este texto foi publicado originalmente em forma de artigo na revista *Mais 60 Estudos sobre Envelhecimento*, v. 29, nº 73, abril de 2019, editada pelo Sesc, pp. 8-31.

Economia da
longevidade, um
caminho para o
desenvolvimento
econômico.

Introdução

Desde a década de 1970, devido ao aumento do custo da energia (petróleo, principalmente), a economia mundial assiste a uma grande transformação estrutural em todas as dimensões. O Estado foi pressionado a reduzir sua presença na área social, abandonando as premissas de pleno emprego e bem-estar universal na condução das políticas públicas. As empresas passaram por forte readequação, delegando tarefas a terceiros e, consequentemente, descartando mão de obra considerada supérflua ou duplicada, punindo, assim, as duas pontas da força de trabalho, os mais jovens e os mais velhos. A lucratividade dos investimentos na indústria passou a ser submetida, em escala inédita, à comparação com os ganhos em juros na esfera financeira. Desta maneira, o trabalho sofreu com a tendência à desvinculação ou, em outras palavras, a uma descontinuidade das carreiras em benefício de variadas simulações de trabalho informal.[1] A globalização provocou uma deslocalização das indústrias para países de

---

[1]Felix, J. O idoso e o mercado de trabalho. In: ALCANTARA, A. O.; CAMARANO, A.A.; GIACOMIN, K. C.; *Política Nacional do Idoso: velhas e novas questões*, p. 241-263, Rio de Janeiro, Ipea, 2016. Disponível em *http://www. ipea.gov.br/portal/index.php?option=com_content&view=article&id=28693*

158 ECONOMIA DA LONGEVIDADE

inserção tardia na economia capitalista, colocando o custo unitário do trabalho em concorrência global pela primeira vez na História. Tudo passou a ser flexível, líquido, informacional (ou virtual).[2] O mundo envelhece sob este modelo de economia globalizada cujas consequências foram ainda mais acentuadas com o desaguar desse processo na maior crise financeira do liberalismo em quase um século, iniciada em 2008 nos Estados Unidos (conhecida como a "Grande Recessão"). Essa reconfiguração reforçou uma visão do envelhecimento populacional apenas como "bomba-relógio" ou "tsunami", para usar as metáforas de catástrofes mais frequentes na literatura ou na sabedoria convencional.[3] Essas imagens do fenômeno demográfico produzidas pela economia liberal aprofundaram o preconceito contra a pessoa idosa (o idosismo) no ambiente coletivo e, além disso, em nada contribuíram para a equação social.

As populações foram culpadas por essa lógica econômica, seja pela grande vitória da modernidade, o fato de vivermos mais e em melhor saúde, seja por suas deficiências, a queda na taxa de fecundidade (o número de filhos por mulher). Uma pergunta inevitável sobrevém dessa realidade: se estamos vivendo com maior qualidade de vida, por que estamos legando essa riqueza a cada vez menos seres humanos, no extremo oposto da sentença final do machadiano Brás Cubas?

---

[2]Ver conceitos em: Harvey, D. *Condição pós-moderna*. São Paulo: Edições Loyola, 2013; Bauman, Z. *Modernidade Líquida*. Rio de Janeiro: Jorge Zahar Editora, 2001; e em Castells, M. A sociedade em rede, v. 1, A *era da informação, economia, sociedade e cultura*. São Paulo: Editora Paz e Terra, 1999.
[3]Sobre a importância das metáforas na formação do inconsciente coletivo, Ver capítulo 1, "Metáforas da globalização", pp. 13-25 em Ianni, O. *Teorias da globalização*. Rio de Janeiro: Ed. Civilização Brasileira, 9ª edição, 2001.

INTRODUÇÃO   159

Mas esse é um tema longe demais do escopo deste texto. O objetivo aqui é destacar a estreita visão da economia *mainstream* no que respeita o envelhecimento populacional. Até hoje, esse tema foi tratado exclusivamente pelo lado da despesa. De uma forma até doentia, poder-se-ia afirmar com legitimidade sustentada pela esfera pública e também pela literatura, centrada de maneira monocórdia na questão da Seguridade Social, em específico na Previdência Social. Através das lentes fiscalistas de boa parte desses economistas, o envelhecer é apenas um fardo nas contas de governos nos níveis federal, estadual e municipal. Durante muitas décadas, essa miopia era global.

Todavia, depois do início da citada crise de 2008, os países ricos perceberam que tal concepção fiscalista da demografia apenas acentuaria um *capitalismo de desconstrução*[4] — desconstrução de tudo o que custara duas guerras mundiais para ser construído em termos de bem-estar social. Em outras palavras, a desconstrução de um amplo pacto (social, financeiro, produtivo e cultural) em nome da democracia e da paz.

A despeito de a visão fiscalista ainda ser hegemônica, evidentemente, com forte pressão para corte de despesas sociais em todo o planeta, emergiu uma nova visão sobre o envelhecimento populacional. Ela valoriza menos o caráter de despesa da dinâmica demográfica e acentua mais uma estratégia de superar desafios pelo lado da receita, isto é, da geração de riqueza suscitada pelo novo perfil da população. Alguns países perceberam que confinar o tema do envelhecimento

---

[4]Felix, J.S. *Batalhadores depois dos 60 – uma crítica aos tipos de integração do idoso no mercado urbano de trabalho*. Tese de doutoramento em Ciências Sociais, Pontifícia Universidade Católica de São Paulo, 2018. Disponível em *https://tede2.pucsp.br/handle/handle/21335*

160 ECONOMIA DA LONGEVIDADE

apenas na coluna dos custos só desconstruirá os alicerces sociais sem substituí-los por uma conformação promissora, principalmente em termos de distribuição de renda. O princípio econômico a nortear essa nova visão é básico. Se a origem da palavra *economia* é *oikos* (casa) + *nomia* (estudo), ou seja, estudo da casa, em extensão, o estudo da menor unidade de orçamento, o domicílio familiar, e se essa família ganha outra configuração — com menos crianças e mais idosos —, naturalmente a estrutura do consumo será também transformada e, em último grau, a estrutura da produção deve ser adaptada à demanda. Dito de outra forma, a nova família altera sua cesta de necessidades e de consumo.

A essa transformação estrutural denomina-se *economia da longevidade* (*silver economy* ou *longevity economy*), conceito que logo será tratado com mais especificidade. Por enquanto, nesta introdução, considero importante justificar a defesa de dois pontos de ação que dizem respeito ao nosso tema principal. Em primeiro lugar, essa é uma transformação na economia mundial e está provocando, como denomino, uma "corrida populacional" no comércio internacional. Aqueles países capazes de inovar e produzir com mais rapidez as mercadorias que atenderão às necessidades dos consumidores mais longevos e de suas famílias garantirão parcela maior, é indubitável, no mercado global. Com um adendo: como a tecnologia é a mediadora de tudo na vida contemporânea, estamos tratando de produtos de alto valor agregado, principalmente na área da Gerontecnologia, como será exposto a seguir.[5]

---

[5]Felix, J.S. Economia da Longevidade, Gerontecnologia e o complexo econômico-industrial da saúde no Brasil: uma leitura novo-desenvolvimentista, revista *Kairós*, v.21, n.1, pp. 107-130, 2018a. Disponível em *http:// revistas.pucsp.br/kairos/article/view/38141/25876*

INTRODUÇÃO 161

O segundo ponto é a necessidade de inclusão da *economia da longevidade* nos currículos escolares, em acordo com o Artigo 22 da Lei 10.741/2003 (Estatuto do Idoso) e em consonância com uma nova necessidade de o país adequar sua produção, sua mão de obra, sua área de pesquisa e desenvolvimento às realidades e demandas globais suscitadas pelo envelhecimento da população mundial. Poucas universidades brasileiras estão atentas a essa transformação e urgência. Desde 2007, quando publiquei o primeiro artigo[6] sobre *economia da longevidade*, o conceito vem conquistando amplo interesse no campo da gerontologia e das ciências sociais, mas sua incorporação pelas instituições de ensino superior, principalmente na área da economia, ainda é tímida. Os cursos de economia ainda estão viciados em se debruçar apenas na questão fiscal.

O Brasil, portanto, está atrasado em relação aos países em desenvolvimento na tarefa de ampliar as pesquisas sobre o tema e incluí-lo de maneira sistemática na agenda pública e acadêmica. Em grande parte da Europa, com a França como referência, Estados Unidos, Canadá e Japão, a academia já supre o setor privado com relevante conhecimento para fomentar a *economia da longevidade* dentro de uma estratégia de política industrial adotada pelos governos.[7] Estimativas

---

[6]Felix, J.S. Economia da Longevidade: uma revisão da bibliografia brasileira sobre os estudos do envelhecimento da população. Artigo apresentado no *VIII Encontro da Associação Brasileira de Economia da Saúde*, PUC-SP, São Paulo, 2007.

[7]Wassel, J., Bradley, D.B. *Pedagogical Opportunities in the Expanding Longevity Economy*, 2019, Disponível em *www.aghe.org*. Instituições relevantes na Europa e nos Estados Unidos já adequaram currículos de Economia ou Gerontologia, como, por exemplo, o Massachusetts Institute of Technology (MIT), a Paris School of Economics (PSE), entre muitas outras. Ver Coughlin, J. F. The Longevity Economy, New York, PublicAffairs, 2017.

162 ECONOMIA DA LONGEVIDADE

de consultorias privadas dimensionam o seu PIB em 7,1 trilhões de dólares nos Estados Unidos, configurando-se, assim, como a terceira maior economia do planeta.[8]

---

[8]Oxford Economics, The Longevity Economy – Generating Economic Growth and Opportunities for Business, Briefing Paper by Oxford Economics to AARP, N.Y., 2014. Os gastos fora do consumo de saúde foram estimados usando a Pesquisa de Despesas do Consumidor do Bureau of Labor Statistics de gastos por unidades consumidoras, com uma pessoa de referência acima de 50 anos e escalada para subnotificação, usando dados do Rendimento Nacional e Contas de Produtos do Bureau of Economic Analysis. Exclui todos os gastos com aluguel ou aluguel imputado. Despesas com cuidados de saúde estimadas usando dados dos Centros dos EUA para o Medicare e o Medicaid Services National Health Expenditure. O impacto econômico doméstico total desses gastos, incluindo impactos diretos, indiretos e induzidos, é calculado usando o pacote de software IMPLAN. Os dados são calculados com valores de referência de 2011.

Uma obra em construção: de termo a conceito

O conceito de *economia da longevidade* é uma obra em construção na literatura a partir de convergências e divergências, como é próprio na formação de novas áreas de conhecimento. Conforme exposto em outra oportunidade,[1] o termo "silver economy" aparece diretamente relacionado ou mesmo como sinônimo de "silver marketing", no Japão, no começo da década de 1970, quando a dinâmica demográfica do país já avançava em direção ao envelhecimento e a indústria japonesa apresentava seus primeiros produtos direcionados especificamente à população idosa.[2] Em um relatório sob o título "Challenges for Building the Future Society — The Role of Science and Technology in Ageing Society with Fewer Children" ["Desafios para a construção

---

[1]Felix, J. Silver Economy: Opportunities and Challeges to Brazil Adopt European Union's Strategy. In: *Innovation: The European Journal of Social Science Research*, v. 29, issue 2, pp. 115-133, 2016. *http://www.tandfonline. com/doi/full/10.1080/13511610.2016.1166937*

[2]Klimczuk, A. Supporting the Development of Gerontecnology as Part of Silver Economy Building, Journal of Interdisciplinary Research, paper n.61886, Munich, 2012. *http://mpra.ub.uni-muenchen.de/61886/*

164 ECONOMIA DA LONGEVIDADE

da sociedade do futuro — O papel da ciência e da tecnologia numa sociedade que envelhece com menos crianças"], o governo do Japão destacou o potencial de exportação da área da Gerontecnologia porém, ainda sem uma formulação mais elaborada sobre *economia da longevidade*.

Apenas em 2007, a Comissão Europeia (CE) propôs aos países da União Europeia (EU) adotar uma estratégia estrutural em direção à *economia da longevidade*. No relatório sobre o futuro demográfico, a CE defendeu a adoção de uma política industrial face à "combinação de boas condições de oferta (altos níveis de educação, P&D, mercados responsivos e flexíveis) e o crescente poder de compra dos consumidores mais velhos oferecer um novo e enorme potencial para o crescimento econômico".[3]

Em 2005, já havia sido realizado um evento nos Países Baixos sobre o tema, e no ano seguinte, na cidade de Kerkrade, a conferência foi apoiada pela SEN@R Network, a primeira rede sobre *economia da longevidade* na Europa, inicialmente com apenas seis países (com destaque para a Alemanha). Este fato é citado para destacar a intersecção original da *economia da longevidade* com a Gerontecnologia, pois o mesmo relatório estabelecia a relação entre os novos serviços e produtos para a autonomia e a independência, assim como da saúde, das tecnologias da informação e comunicação (TICs).

Os autores do relatório também destacavam "a inexistência de uma definição precisa do conceito" (*silver economy*) e a carência de estatísticas, até então, capazes de mensurar o

---

[3]Europe Commission. *Europe's Demographic Future: Facts and Figures on Challenges and Opportunities*. Brussels, 2007, p. 96.

UMA OBRA EM CONSTRUÇÃO: DE TERMO A CONCEITO   165

tamanho dessa economia. Mas alertavam do seguinte modo para o seu potencial: "Esse não é um novo setor da economia, mas sim uma ampla gama de produtos e serviços relacionados à idade em muitos setores existentes, incluindo TICs, serviços financeiros, habitação, transportes, energia, turismo, cultura, infraestrutura e serviços locais, bem como cuidados de longa duração."[4]

Devido à sua capacidade de englobar vários mercados, em 2008, a *economia da longevidade* foi definida como um "mercado transversal" (*cross-section market*) que não deveria ser considerado como um mercado autônomo ou como um segmento da economia por envolver uma diversidade de indústrias e serviços.[5] No ano seguinte, Rolf G. Heinze e Gerhard Naegele, ao discutirem a definição do conceito, descolaram definitivamente a economia da longevidade de sua origem, isto é, do termo "silver marketing".[6] De acordo com os autores, "os dias em que [o termo] se referia apenas a 'produtos para idosos' ou 'serviços para idosos' relacionados a drogas geriátricas, produtos médicos, produtos de cuidado ou turismo especial para idosos — na maioria dos casos, parte dos serviços sociais clássicos de instituições públicas e organizações sem fins lucrativos — ficaram para trás".

O envelhecimento da população, sempre segundo os autores, havia hipertrofiado a transversalidade do consumo

---

[4]Bernard, C.; Hallal, S.; Nicoläi, J.P. La Silver Économie, une opportunité de croissance pour la France. Paris: Commissariat Général à la Stratégie et à la Prospective, 2013. *www.strategie.gouv.fr*
[5]Enst, P., Naegele, G., Leve, V. The Discovery and Development of the Silver Market in Germany, In: F. *Kohlbacher, Herstatt, C.* (eds.), first edition, 2008.
[6]Heinze, R.G.; Naegele, G. Silver economy in Germany – more than only the economic factor: old age! GeroBilim – *Journal on Social & Psychological Gerontology*, Issue 02/09, 2009, pages 37-52.

de tal maneira a ponto de englobar toda a economia. Embora se referindo à Alemanha, é lícito expandir este diagnóstico a todas as sociedades envelhecidas ou em processo de envelhecimento. A transversalidade da *economia da longevidade*, portanto, empurra o Estado a assumir outro papel face à dinâmica populacional. O Estado deve mudar o paradigma — não para o Estado "magro", regulador e fiscalizador, acentuando o individualismo ao atuar, como citam Heinze e Naegele, guiados por uma visão economicista ou fiscalista. Mas é necessária uma "mudança de paradigma" para os gestores (*policy-makers*) construírem uma política pública no âmbito econômico que seja capaz de aproveitar todo o potencial demográfico — sem que, para isso, precise abrir mão de um papel social. Filósofos e sociólogos mencionam a passagem de um Estado Providência do pós-guerra para um Estado Solidário ou Acompanhante estabelecido sobre outros pilares diversos da lógica fordista da metade do século passado.[7]

É perceptível na literatura, portanto, a aproximação do conceito com a área pública, demandando, para a construção de uma estratégia de *economia da longevidade*, "ações do setor público"[8] em parcerias com o setor privado, terceiro setor e todo o "ecossistema de economias",[9] como cita Andrzej Klimczuk, a saber, a economia criativa, economia solidária, economia social e, ainda, como acrescento, a economia

---

[7]Deschavanne, E. Tavoillot, P-H, *Philosophie des âges de la vie*. Paris: Grasset, 2007.

[8]Klimczuk, A. Supporting the Development of Gerontecnology as Part of Silver Economy Building, Journal of Interdisciplinary Research, paper n.61886, Munich, 2012. *http://mpra.ub.uni-muenchen.de/61886/*

[9]Klimczuk, A. Economic *Foundations for Creative Ageing Policy, Context and Considerations*. New York: Palgrave Macmillan, v. 1, 2015, p. 75-107.

UMA OBRA EM CONSTRUÇÃO: DE TERMO A CONCEITO 167

do cuidado (care).[10] Este aspecto ainda será explorado mais adiante. Por enquanto, o importante, no que respeita a esta, digamos assim, arqueologia do conceito é sublinhar seu avanço para a esfera pública como forma de justificar o enquadramento da *economia da longevidade* como disciplina, tal qual reivindico desde 2007[11] — a despeito de esta interpretação ainda enfrentar divergências teóricas com, por exemplo, o próprio Klimczuk, mas esse é um debate para outro momento.

Cabe aqui apenas explicitar que essa visão do conceito como disciplina é que sustenta a tradução de "silver economy" para *economia da longevidade*, uma vez que a "economia do envelhecimento" (*economics of ageing*) tem (até mesmo pelo seu *journal* mais famoso, editado pelos professores David E. Bloom e David Cunning, da Universidade Harvard) seu escopo principal na demografia econômica. A *economia da longevidade*, defende-se, tem uma abordagem de política industrial relacionada à teoria econômica desenvolvimentista de base marxista-schumpeteriana, tanto pela relevância de aspectos de inovação, empreendedorismo, industrialização e crescimento econômico alavancado pelo setor produtivo,[12] em detrimento do financista,[13] como,

---

[10]Felix, J. Economia da Longevidade e Economia do 'Care': o envelhecimento populacional a partir de novos conceitos, revista *Argumentum*, UFES, v. 6,n.1, p. 44-63, 2014.
[11]Felix, J.S. Economia da Longevidade: uma revisão da bibliografia brasileira sobre os estudos do envelhecimento da população. Artigo apresentado no VIII Encontro da Associação Brasileira de Economia da Saúde, PUC-SP, São Paulo, 2007.
[12]Felix, J. *Viver Muito, outras ideias sobre envelhecer bem no século XXI (e como isso afeta a economia e o seu futuro)*. São Paulo: Ed. Leya, 2010.
[13]Phillipson, C. The Political Economy of Longevity: developing New Forms of Solidarity for Later Life. *The Sociological Quartely*, 56, pp. 80-100, 2015.

168 ECONOMIA DA LONGEVIDADE

sobretudo, por seu caráter de perspectiva de solidariedade para garantir autonomia e independência ao sujeito-fim, isto é, à população idosa. Sem essa perspectiva, o conceito perde sua razão de ser.

Tais aspectos ficam mais evidentes nas definições e proposições de políticas no âmbito da CE. Embora adote o mesmo conceito da Oxford Economics, que, sublinhemos, também adota a palavra "longevidade", a CE destaca como objetivos da estratégia a reindustrialização dos países da região a partir do atendimento às novas necessidades de consumo da população envelhecida, seja no próprio continente ou, principalmente, em países alhures. Segundo a Oxford Economics, é preciso dizer, a *economia da longevidade* "é a soma de **toda atividade econômica** [grifo meu] para atender às necessidades daqueles com mais de 50 anos e incluindo tanto os produtos e serviços que eles consomem diretamente como a atividade econômica que esse gasto possa gerar",[14] isto é, o efeito multiplicador keynesiano.

---

[14]Oxford Economics, The Longevity Economy – Generating Economic Growth and Opportunities for Business, Briefing Paper by Oxford Economics to AARP, N.Y., 2014.

Uma política pública no âmbito macroeconômico: o caso da França

Ao longo dessa evolução do conceito, a *economia da longevidade* no mundo (ou o termo *silver economy*) foi, portanto, distanciando-se do marketing, local onde estava voltada, inicialmente, para estudar, detectar, desenvolver e influenciar os consumidores idosos. Poder-se-ia dizer, sem demérito para a área mercadológica, evidentemente, que o conceito foi elevado à estratégia de política pública ao ser direcionado para a pesquisa e desenvolvimento (P&D), inovação e, sobretudo, uma política industrial com foco em setores emergentes.[1]

---

[1]Zimmer, B. Enjeux et opportunités de la filière Silver Économie: exemple de la France, 2017, Angewandt Gerontologie Appliqué, Zürich, Doi: 10.1024/2297-5160/a000030. Ver também: Europe Commission, 2007, Op. cit. ; Europe Commission. The Silver Economy – Final Report – Luxemburg, Publications Office of the European Union, 2018, Doi: 10.2759/640936; Europe Commission. Growing the European Silver Economy, background paper, 23 February, 2015; European Commission. Innovation for Active & Healthy Ageing, final report European Summit on Innovation for Active and Healthy Ageing, Brussels, 9-10 March, 2015a.

170 ECONOMIA DA LONGEVIDADE

Entre 2014 e 2018, a UE investiu 2 bilhões de euros apenas no âmbito do projeto Horizon 2020, o principal programa de pesquisa do grupo de 28 países,[2] além de financiamentos por meio das mais diversas agências de fomento em cada país. Na visão da UE, o objetivo dessa estratégia está distante de ser apenas um escrutínio dos consumidores idosos e de detectar seus comportamentos de consumo, embora essa cartografia seja parte deste ecossistema. Ela se constitui em uma espécie de "nova corrida" ou disputa econômica entre os países para produzirem os produtos e serviços de alto valor tecnológico que serão demandados pelas sociedades envelhecidas, portanto, redesenhando o comércio global. Como literalmente exposto pelos documentos oficiais, o intuito da UE é assumir a liderança na exportação desses produtos, evidentemente, em disputa com a Ásia e os Estados Unidos. A crescente demanda por produtos tecnológicos, como dito, faz da Gerontecnologia o coração dessa estratégia.[3]

É importante destacar que, como já abordado em outra oportunidade,[4] o desenho da *economia da longevidade* para fundamentar uma política criativa ao envelhecimento[5] nunca esteve presente nos planos da Organização das Nações Unidas. O Plano de Viena, em 1982, resume a questão econômica apenas apontando para as melhores condições de renda dos idosos depois de 40 anos de construção do Estado de Bem-Estar Social. Mesmo no Plano de Madrid,

---

[2]Ver *https://ec.europa.eu/programmes/horizon2020/en/h2020-sections*
[3]Felix, 2018a, Op. cit. Ver também Klimczuk, 2012, Op. cit.
[4]Felix, 2016, Op. cit.
[5]Sobre este conceito, ver klimczuk, A. *Economic Foundations for Creative Ageing policy, Context and Considerations*. N.Y.: Palgrave Macmillan, v.1, 2015.

UMA POLÍTICA PÚBLICA NO ÂMBITO MACROECONÔMICO: O CASO DA FRANÇA 171

em 2002, considerado um marco na discussão da transição demográfica, com significantes progressos ao abandonar as metáforas catastróficas sobre o envelhecimento populacional e sugerir parcerias com a sociedade civil e o setor privado, entre seus 35 objetivos e 239 recomendações, a construção de uma política industrial a partir das novas necessidades das famílias como um fator promotor do desenvolvimento econômico foi ignorada. Em outras palavras, esses planos mantiveram o envelhecimento populacional na perspectiva de custos e jamais de geração de riqueza.

Embora, de acordo com alguns autores, a visão mais contemporânea da *economia da longevidade* tenha sua origem em documentos oficiais da Alemanha,[6] a França consolidou um pioneirismo em adotar, de fato, uma ação governamental a partir de 2013, tornando-se um exemplo a ser emulado, segundo recomendação da própria UE.[7] Portanto, os estudos da *economia da longevidade* passam por uma análise detalhada e por um acompanhamento das políticas adotadas, desde então, pelo governo francês. Em outubro de 2016, o país promoveu uma espécie de relançamento da estratégia, com novas metas a atender às necessidades de uma população de 25 milhões de pessoas com mais de 65 anos em 2030.[8]

O ministro da Economia e das Finanças, Bruno Le Maire, é transparente: "Nossa ambição comum é simples: posicionar a França como um ator líder nessa economia. Isso requer evidentemente que nossas empresas tenham a capacidade de se

---

[6]Ver Heinze, Naegele, 2009, p. 37, Op. cit.
[7]Ver European Commission, 2015a, Op. Cit., p. 17.
[8]Ver Divisão de Estudos da População das Nações Unidas *https://www. un.org/en/development/desa/population/index.asp*

172 ECONOMIA DA LONGEVIDADE

projetar fora de nossas fronteiras e de conquistar mercados em pleno desenvolvimento."[9] Em 2018, a França assinou um memorando de intercâmbio com a China, durante a visita do presidente Emmanuel Macron, especificamente sobre *economia da longevidade* nos dois países para "promoção de ambos os mercados e desenvolvimento de projetos". Ainda de acordo com o ministro, a França já exporta seu *savoir-faire* para a Ásia e outros países europeus na área de gestão de instituições de longa permanência para idosos (ILPIs). O Brasil também já começa a demandar por esse conhecimento, serviços e empresas francesas.[10]

A elaboração da estratégia francesa já foi amplamente relatada em outras oportunidades.[11] O espaço aqui será aproveitado para, além da atualização do estado da arte do tema naquele país, apresentar novos números sobre as perspectivas francesas para a *economia da longevidade*. De 2013 a 2015, a estratégia governamental acompanhou a elaboração e edição da Lei de Adaptação da Sociedade ao Envelhecimento, estabelecida sobre o princípio da solidariedade. A ação estatal, ao lado da nova normatização, como destacam os *policy makers*, permitiu alterar a visão sobre o envelhecimento no aspecto econômico de "um copo meio vazio para um copo

---

[9]Le Maire, B. Édito In: Annuaire Officiel de la Silver Économie, Ministère des Solidaritès et de la Santè et Ministère de l'Économie et des Finances. Paris: SilverEco.org, 2019.

[10]Um dos maiores exemplos é o grupo francês Orpea Clinea, com mais de 800 unidades na Europa, que está no Brasil. Ver jornal Valor Econômico *https://www.valor.com.br/empresas/5600515/residencia-de-alto-padrao-para-idoso-atrai-investidor*

[11] Ver Felix, 2016, Op. cit. Ver também Bernard, C., Hallal, S., Nicoläi, J.P. La Silver Économie, une opportunité de croissance pour la France. Paris: Comissariat Général à la Stratégie et à la Prospective, 2013. *www.strategie.gouv.fr*

UMA POLÍTICA PÚBLICA NO ÂMBITO MACROECONÔMICO: O CASO DA FRANÇA 173

meio cheio",[12] e abriu a perspectiva de construção de novas indústrias de "campeões nacionais".[13]

As consultorias francesas estimam que a *economia da longevidade* representa atualmente 92 bilhões de euros ao ano, e em 2020 atingirá 130 bilhões[14] no país. Isso significaria um acréscimo de 0,25 ponto percentual no PIB e a criação de até 300 mil postos de trabalho. Em direção a essas metas, o governo, em 22 de outubro de 2018, adotou uma nova ação operacional e constituiu um comitê oficial da *silver économie*. O conselho nacional é composto de 65 integrantes (empresas, coletivos locais, organizações profissionais, entre outros) e trabalha em conjunto com três forças-tarefas (inovação, exportação e formação), que, por sua vez, são desmembrados em grupos de trabalho (território urbano, habitação e inovação tecnológica). Completam a ação os conselhos regionais e um escritório central. Essas instâncias trabalham em parceria com plataformas digitais,[15] aceleradoras,[16] associações, conselhos municipais, entre outros representantes da sociedade civil. Todos atuam sob o selo *"Acteur de la Silver Eco — une fillière industrialle soutenue par le gouvernement français"*.

Em nome de uma melhor compreensão, é indispensável lembrar aqui que o conjunto dessas ações está em consonância com o relatório — e marco inaugural dessa estratégia — *"La Silver Économie, une opportunité de croissance pour la France"*, de 2013, elaborado, de forma inédita, a partir de

---

[12]Annuaire Officiel de la Silver Économie, SilverEco.org, 2019, p. 13.
[13]Sobre o debate e histórico da estratégia de "campeões nacionais", ver Felix, 2018, Op.cit., pp. 30-32
[14]Le Groupe Xerfi, 2015.
[15]*www.silvereco.fr*
[16]*https://www.silvervalley.fr/*

atuação conjunta do Ministério de Solidariedade e Saúde e do Ministério da Indústria. O relatório, redigido pelo France Stratégie[17] (o Ipea francês), faz seis propostas de políticas públicas para estimular a construção dessa "via" (*filière*, como denominam os franceses, ou, em tradução livre, "filão" ou "veeiro") para o crescimento econômico: fomento a setores estratégicos, como a teleassistência (incluindo a robótica social ou assistiva) e a adaptação de residências, adoção de política de selos como certificados para produtos e serviços destinados aos idosos, desenvolvimento de novos serviços financeiros para estimular a poupança, educação financeira e política industrial (P&D).[18]

São inúmeros os resultados obtidos em cinco anos, embora, evidentemente, seja uma atuação que poderia ser classificada como economia paliativa, pois o país enfrenta as demandas sociais, sobretudo de cuidados de longa duração para idosos (CLD), como todos os outros. É uma política, porém, em construção, e suas perspectivas podem ser medidas pelos casos de sucesso vencedores de prêmios para *start-ups* ou projetos industriais na área da gerontologia, como o Bourse Charles Foix, da ong Silver Valley, ou o Silver Eco and Ageing Well International Award, ou no Anuário da Silver Économie, publicado desde 2014, ambos do SilverEco.fr.[19]

---

[17]*https://www.strategie.gouv.fr/*
[18]Bernard, C.; Hallal, S.; Nicoläi, J.P. La Silver Économie, une opportunité de croissance pour la France. Paris: Comissariat Général à la Stratégie et à la Prospective, 2013. *www.strategie.gouv.fr*
[19]*https://www.silvereco.fr/annuaire-national-silver-economie*

O papel da Gerontecnologia

Os CLD estão cada vez mais presentes no debate socioeconômico nas sociedades envelhecidas ou em processo de envelhecimento. No Brasil, o envelhecimento populacional em ritmo acelerado nas três últimas décadas fez do segmento etário com mais de 80 anos aquele com maior taxa de crescimento no conjunto da população. De 2010 a 2040, espera-se que os chamados "mais idosos" passem de 1,5% do total da população brasileira para 7% (um contingente de cerca de 13,7 milhões de pessoas).[1] No mesmo período, esse subgrupo saltará de 14% para 25% da população idosa do país (com mais de 60 anos). Essa população é a mais vulnerável a doenças crônicas, situações limitantes das atividades da vida diária e dependência, ou seja, é a maior demandante de CLD. É o chamado "superenvelhecimento".[2]

Ao lado do debate sobre a inclusão dos CLD como um quarto pilar no escopo constitucional da Seguridade Social

---

[1]Censo IBGE, 2010.

[2]Camarano estima que os CLD representavam, em 2010, 11% do PIB. Ver Camarano, A.A. *Novo Regime Demográfico: uma nova relação entre população e desenvolvimento?*. Rio de Janeiro: Ipea, 2014.

176 ECONOMIA DA LONGEVIDADE

no Brasil[3] e em muitos países, a Gerontecnologia surge como uma solução mitigadora dos efeitos ou da carga de cuidados a serem assumidos pelas famílias, pela sociedade civil ou pelo Estado. A vida humana vem sendo, cada vez mais, mediada pela tecnologia; logo, os CLD também são submetidos a essa inexorabilidade. A demanda por cuidado é percebida como uma oportunidade pela indústria de TIC. Neste aspecto, a Gerontecnologia está no âmago da estratégia da economia da longevidade,[4] do desenvolvimento de novos produtos e serviços (públicos ou privados) para atender a uma nova estrutura de consumo das famílias com mais idosos e menos crianças.

Do ponto de vista de quem demanda por CLD, a Gerontecnologia é apontada como uma importante aliada para suprir as necessidades de idosos em função do crescente número de pessoas vivendo sozinhas nas grandes cidades,[5] da escassez de mão de obra para cuidados, sobretudo informal e feminino, e do novo perfil epidemiológico, com maior incidência de doenças crônicas, como os vários tipos de demência. A literatura aponta a "ajuda direta aos idosos" como a área "pronta para a inovação" em oferta de serviços digitais capazes de auxiliar na socialização, busca de trabalho e CLD

---

[3]Camarano, A.A. *Cuidados de longa duração para a pessoa idosa, um novo risco social a ser assumido?*. Rio de Janeiro: Ipea, 2010.

[4]Ver Felix, 2007; 2010, 2014, 2016; Klimczuk, 2012; Bernard et al, 2013, Op. Cit.

[5]. Véras, M.P.B.; Felix, J. Questão urbana e envelhecimento populacional: breves conexões entre o direito à cidade e o idoso no mercado de trabalho, Cadernos Metrópole, v. 18, nº 36, pp. 441-459, julho, PUC-SP, 2016. *http://dx.doi.org/10.1590/2236-9996.2016-3607* Ver também: Kharas, H.; Remes, J. Cidades inteligentes podem ser justas – Tecnologia permite às cidades serem mais inclusivas, Valor Econômico, p. A11, edição de 8 de junho, 2018. Disponível em *http://www.valor.com.br/opiniao/5579967/cidades-inteligentes-podem-ser-justas* Acesso em 8/06/2018.

O PAPEL DA GERONTECNOLOGIA 177

ou saúde (telemedicina).[6] Desta maneira, a Gerontecnologia seria a alavanca para a construção de um complexo industrial da saúde e do cuidado.[7]

A adoção da tecnologia para os CLD transformará o segmento da população com mais de 80 anos no maior beneficiário dessa aplicação de tecnologia, assim como transformará o gerontólogo em um profissional da área tecnológica. Esse segmento é cada dia mais dependente da conectividade para assegurar os serviços e produtos necessários para a dignidade e bem-estar (art. 230 da C.F.)[8] da pessoa idosa, independentemente de classe social, sobretudo para permitir um envelhecimento em suas próprias residências (*ageing in place*) ou, no extremo oposto, a gestão de residenciais cada vez maiores. Tem sido sugerido que os produtos de inteligência ambiental serão o equivalente moderno aos mordomos, manobristas e às empregadas domésticas.

Os sistemas computacionais estão encontrando seu caminho em roupas, móveis, itens pessoais, transporte, controle ambiental e segurança em casa. A remoção de barreiras ao uso efetivo de TIC pode levar a uma melhor adoção e aceitação das novas tecnologias, resultando em prolongada vida independente e envelhecimento em casa, além de maior participação ativa na economia e na sociedade. As próximas gerações de idosos e mais-idosos tendem a ser muito mais familiarizadas com as TICs.

Os serviços públicos também se informatizam e estabelecem, muitas vezes, acesso exclusivamente pelos meios

---

[6]Kharas, Remes, 2018, Op.Cit.
[7]Ver Felix, 2018a, Op. cit.
[8]Ver site da Sociedade Brasileira de Gerontecnologia *www.sbgetec.org.br* sobre pesquisas na temática "envelhecimento e tecnologia".

178 ECONOMIA DA LONGEVIDADE

digitais, seja para agendamento ou monitoramento, exigindo inclusão digital, como mostra o filme *Eu, Daniel Blake*, de Ken Loach (2016), no qual o personagem do ator Dave Johns, além da barreira econômica, enfrenta o cerco digital para ter direito ao seguro-desemprego. A perspectiva é de ampliação dessa automação nas cidades inteligentes. Ao analisar os efeitos da chamada Quarta Revolução Industrial, isto é, do impacto da substituição da mão de obra humana pela Inteligência Artificial (IA), especialistas destacam o papel da dinâmica demográfica neste processo.[9]

O envelhecimento da população oferece um outro motivo para o desenvolvimento da robótica inteligente. Os robôs (ou as variadas formas de automação) saem das fábricas, das seções de pinturas, soldagem e montagem para os hospitais, asilos, casas e empresas de serviços. Passam a ser assistentes pessoais, cuidadores, acompanhantes, professores, mensageiros, distribuidores de remédios em hospitais, auxiliares de enfermeiros, *personal trainers*, apoio de astronautas, motoristas, ajudantes de cozinha. Esta é uma realidade do capitalismo contemporâneo, independentemente da necessidade de nossa visão crítica ou questões éticas. Em poucos anos, apontam os especialistas na área, serão mais que aspiradores de pó, serão sua companhia, seu amigo, seu colega, seu tutor, seu carro. Os impactos sobre os empregos e a concorrência global ainda são imensuráveis.[10]

---

[9]Prado, A. Conferência de abertura no Colóquio Unasul-Instituto Lula - sobre Integração das Cadeias Produtivas na América do Sul, em 13 de maio de 2015 em São Paulo-Brasil. Disponível em *http://www.cepal.org/sites/default/files/speech/files/conferencia_de_abertura_no_coloquio_unasul.pdf* Acesso em 15 de setembro de 2016.

[10]Felix, 2018, Op. cit.

O PAPEL DA GERONTECNOLOGIA 179

A Gerontecnologia apresenta outras dimensões a serem analisadas. A aplicação da inteligência artificial promete customizar (individualizar) a utilização das TICs, permitindo, assim, a criação de empregos em áreas como a educação, *design*, saúde e "serviços de cuidados para idosos".[11] É essa dimensão o principal motor da concorrência global estabelecida em torno da Gerontecnologia, sobretudo na área de teleassistência ou robótica assistiva. Dito de outra forma, é a dimensão econômico-industrial da chamada "cadeia global de afeto e de assistência".[12]

A inclusão destes dispositivos, em etapas, na cesta de consumo das famílias promete situar os CLD como consumo protagonista e fator determinante do crescimento econômico dos países. *Quem produz? O que produz? A quem vende? Quais necessidades é capaz de atender?* Estas são as questões em pauta nas discussões econômicas dos organismos multilaterais sobre a emergência da tecnologia para o envelhecimento. A corrida pela liderança global no comércio desses produtos e a construção de uma cadeia global de suprimentos[13] incentivam a ampliação do investimento em P&D ou mesmo incentivos fiscais para a indústria nascente da Gerontecnologia, como outros países estão providenciando,[14]

---

[11]Acemoglu, D.; Restrepo, P. Artificial Intelligence, Automation And Work. Working paper 24196. Cambridge: National Bureau of Economic Research, 2018.

[12]Debert, G.G. e Hirata, H. Apresentação Dossiê Gênero e Cuidado, cadernos pagu (46) janeiro-abril, p. 7-15, Unicamp, 2016.

[13]European Commission, 2018, Op.Cit.

[14]Além da União Europeia, Japão e Estados Unidos, já citados, ver para o caso do Reino Unido: HM GOVERNMENT - Industrial Strategy – building a Britain fit for the future, White paper, HM Government, London, 2017, Disponível em *https://www.gov.uk/government/uploads/system/uploads/ attachment_data/file/662508/industrial-strategy-white-paper.pdf* Acesso em 29/11/2017.

180 ECONOMIA DA LONGEVIDADE

com vistas a "ampliar a qualidade do cuidado"[15] pelo potencial econômico.

---

[15]Van Bronswijk, J.E.M.H.; Kearns, W.D.; Normie, L.R. ICT Infrstructures in the Aging Society, Gerontechnology, 6 (3), p. 129-134, 2007.

Brasil: uma visão crítica

A economia da longevidade começou a dar seus primeiros passos no ambiente acadêmico brasileiro em 2007.[1] O conceito, porém, vem sendo difundido de forma muito tímida, sem constituir-se ainda um tema de política pública ou mesmo empresarial. É inexistente qualquer ação estatal — seja federal, estadual ou municipal — para construir uma estratégia, tal qual a que vem sendo elaborada na União Europeia,[2] nos Estados Unidos ou no Japão.

Como abordado na seção anterior, essa estratégia dependeria de empenho coordenado no âmbito da pesquisa, da inovação, do empreendedorismo, da educação, isto é, do Estado. Assim, seria capaz de motivar investimentos voltados a atender às novas demandas suscitadas pela alteração da estrutura do consumo familiar de uma sociedade envelhecida. Da mesma forma, auxiliaria a sustentabilidade dos gastos públicos relacionados ao envelhecimento populacional, como é o objetivo da *economia da longevidade* na Europa.[3]

---

[1]Felix, 2007, Op. Cit.

[2]Klimczuk, A. Comparative analysis of national and regional models of the silver economy in the Europe Union, Doi: 10.3384/ijal.1652-8670.15286, *International Journal of Ageing and Later Life*, 2016.

[3]European Commission, 2015a, Op. Cit., p. 04.

ECONOMIA DA LONGEVIDADE

A carência dessas novas perspectivas faz com que o Brasil insista em procurar adaptar a dinâmica populacional à matriz econômica pré-determinada pelo neoliberalismo, em vez de debater alternativas opostas. Essa insistência faz com que, no debate público, prevaleça uma visão negativa da dinâmica demográfica com forte tom fiscalista focado no repetitivo discurso de aumento de gastos da seguridade social (saúde, previdência social e assistência social). O conceito da *economia da longevidade* é ainda confundido com sua definição mais simplória, como mencionado no início deste texto, isto é, como apenas um nicho de mercado suscitado pelo aumento do percentual de pessoas com mais de 60 anos no total da população.

Esta é a ideia que prevalece na mídia e estimula maior preocupação do setor privado a buscar este consumidor. Em outras palavras, negligencia-se o todo — uma política industrial estratégica — em nome de uma parte — o marketing. Esta mixórdia na assimilação do conceito provoca sua confusão com uma ideia de que a *economia da longevidade* seria uma mercantilização ou exploração de estímulo consumista da população idosa. Mais do que isso. Esse entendimento equivocado elide aspectos verificados nas experiências internacionais, como o efeito positivo da *economia da longevidade* para combater o idosismo (*ageism*), promover uma vivência intergeracional e/ou o seu consequente potencial para aumentar a empregabilidade ou estimular o empreendedorismo entre os idosos.[4]

---

[4]Dados da França indicam que 13% das empresas mais inovadoras são de empreendedores com mais de 50 anos, mas o governo destaca que a participação dos idosos como investidores-anjo ou financiadores de *start-ups*, mesmo em âmbito familiar, é muito maior. Ver Bernard et al, 2013, Op.Cit.

BRASIL: UMA VISÃO CRÍTICA 183

Este ruído restringe a gama de produtos e serviços a segmentos mais claramente relacionados ao processo de envelhecimento, como saúde, farmacêutico, cuidados e beleza (cosméticos), entre outros. O setor brasileiro de TIC, salvo poucas empresas de teleassistência, ainda ignora o potencial da *silver economy*. Mesmo no caso de empresas multinacionais, cujas sedes estão envolvidas com o tema do envelhecimento mundo afora, quando se trata de Brasil, suas filiais estão afastadas dessa discussão, como é o caso do Google. Boa parte desta ignorância pode ser atribuída à ausência do setor público do debate, ao interesse de industrialização apenas na sede da empresa nos países desenvolvidos e ao alto nível de desconhecimento das ações mundiais no âmbito da *economia da longevidade*, levando o país a discutir o envelhecimento da população sob uma perspectiva estreita.

Em 2013, o governo brasileiro constituiu uma comissão interministerial denominada "Compromisso Nacional para o Envelhecimento Ativo"[5] sem a participação dos ministérios da área econômica, como o da Fazenda e o do Desenvolvimento, Indústria e Comércio. O fato faz crer que o poder público excluiu a hipótese de que o envelhecimento populacional possa oferecer alguma possibilidade de geração de riqueza. Nas próprias atas da reunião da comissão, fica evidente que o objetivo do grupo era discutir políticas públicas "voltadas ao *atendimento* da população idosa", revelando assim uma atuação meramente assistencialista — que não deixa de ser indispensável em um país desigual como o nosso, mas não pode ser resumida em si mesma.

As políticas e ações dirigidas ao segmento idoso estão, no nível federal, espalhadas por mais de dez ministérios

---

[5]Decreto da Presidência da República nº 8.114/1º de outubro de 2013.

184 ECONOMIA DA LONGEVIDADE

sem nenhuma articulação estratégica, embora o Instituto de Estudos de Pesquisa Econômica Aplicada (Ipea), autarquia hoje vinculada ao Ministério da Economia, seja o *think tank* com maior produção de dados e estudos de alto nível sobre o processo de envelhecimento populacional. Nas atas das reuniões da citada comissão do governo, o tema da *economia da longevidade* nunca foi mencionado pelos integrantes. Desta forma, as ações do governo central, estados e municípios são empreendidas sem uma articulação e sem qualquer diálogo com o setor privado. Esse panorama piorou consideravelmente depois de 2016, quando o envelhecimento da população passou a ser radicalmente interpretado como gasto para justificar a necessidade de reforma da previdência social.

Por parte da sociedade civil e de organismos de exercício da cidadania, diante de uma imensa demanda social num país com acentuada desigualdade de renda e riqueza, o debate concentra-se na reivindicação de direitos da pessoa idosa estabelecidos pela Constituição Federal de 1988, pela Política Nacional do Idoso de 1994 (Lei 8.842) e pelo Estatuto do Idoso (Lei 10.741) de 2003. Todo esse arcabouço normativo navega no campo social da política pública (previdência social, assistência social, saúde, educação, cultura, trabalho, desenvolvimento rural, igualdade racial e igualdade de gênero) com poucas referências às obrigações ou possibilidades no campo do setor privado. Esse, por sua vez, exige do setor público austeridade fiscal; logo, essas reivindicações por direitos entram em um ciclo perverso que impede, só para citar um exemplo, a adaptação de cidades para o envelhecimento da população.[6]

---

[6]Como as cidades podem lidar com uma população mais velha. *Nexo jornal* digital, 25 de fevereiro de 2019, Disponível em *https://www.*

Embora tenha sido considerado um avanço no aspecto da emancipação do cidadão idoso, o texto normativo brasileiro delega ao setor privado total liberdade em relação ao envelhecimento populacional, sem exigir obrigações ou estimulá-lo à busca de oportunidades e inovação diante da transformação demográfica. Nos 118 artigos do Estatuto do Idoso, nenhum faz referência às empresas ou aos investimentos que poderiam aprimorar serviços ou produtos que beneficiem e/ou promovam o bem-estar da pessoa idosa. Isto significa dizer que nenhum estímulo legal nesse sentido foi considerado pelos legisladores ligados a setores estratégicos.

O problema para o Brasil é que os outros países, sobretudo os mais ricos, continuam a adotar política industrial como sempre o fizeram com promoção de setores, empresas e tecnologias tidas como chave para a modernização das forças produtivas. No enfrentamento da questão demográfica, os países ricos estão acentuando ainda mais essa tradição.[7] A despeito desse quadro na área pública, o Brasil assiste a algumas ações voltadas ao segmento idoso no âmbito estatal em consonância com a *economia da longevidade*.

A questão é que essas iniciativas são totalmente desarticuladas, sem visão sistêmica. É difícil responder à pergunta: como o Brasil pretende enfrentar seu desafio de envelhecimento populacional até o fim do século? Quais os setores que elegeu como estratégicos? Qual o potencial que vislumbra no envelhecimento de sua população? No setor privado, existe também uma grande movimentação em busca do consumidor

---

nexojornal.com.br/expresso/2019/02/25/Como-as-cidades-podem-lidar-com-uma-popula%C3%A7%C3%A3o-mais-velha
[7]Felix, J. Como os países ricos ficaram ricos e por que os países pobres continuam pobres. Revista *Sociedade e Estado*, v 33, n° 2, Universidade de Brasília (UnB), p. 607-612, 2018.

186 ECONOMIA DA LONGEVIDADE

idoso, com desenvolvimento de novos serviços e produtos, embora ainda muito restrito às regiões Sudeste e Sul do país e, novamente, sem um maestro — seja ele estatal, não governamental ou privado — a comandar uma harmonia econômica. A literatura internacional aponta como setores mais promissores da Economia da Longevidade os de telecomunicação, teleassistência, financeiro, habitação e/ou construção, transporte, turismo, energia, cultura, educação, infraestrutura, saúde (*healthcare*), serviços locais, cosméticos e beleza e cuidados de longa duração. No entanto, o dinamismo de cada um desses setores, combinado à transformação demográfica, depende das características de cada sociedade, isto é, das especificidades de cada economia (vantagens comparativas). Depende também da maneira como as parcerias entre as entidades públicas, privadas e sociais (não governamentais) são estabelecidas a partir de uma rede capaz de promover o papel da inovação (vantagens competitivas) como fator de desenvolvimento.

É possível mencionar ações em todos esses setores no Brasil que buscam aproveitar o envelhecimento como fator econômico. No entanto, tais iniciativas estão dispersas, sem interação com a universidade, os centros de pesquisa, os laboratórios, os financiadores de projetos, deixando, assim, de constituir-se como *estratégia* de política industrial ou de alavanca para estimular o crescimento econômico por meio das receitas tradicionais ou da concepção de políticas focalizadas (por missões de acordo com as deficiências).

Neste aspecto, a *economia da longevidade* encontra como barreira a falta de um projeto nacional de desenvolvimento capaz de fazer dobrar o atual nível de renda *per capita* do país[8], até

---

[8] Felix, 2018a, Op.cit.

BRASIL: UMA VISÃO CRÍTICA **187**

2034, dos atuais US$ 10,3 mil para US$ 20 mil, e elevar o seu Índice de Desenvolvimento Humano (IDH) do atual 0,718 (84ª posição) para 0,80, considerado parâmetro mínimo pelo Banco Mundial para uma economia ser definida como desenvolvida. Isso demandaria um crescimento do PIB de 4% ao ano nos próximos vinte anos.[9] É ainda ignorada a capacidade da *economia da longevidade* de ajudar o país a alcançar essas metas a partir da geração de riqueza pela própria dinâmica demográfica.

---

[9]Lacerda, A. C. Crônica de um (des) ajuste anunciado In: Dowbor, L., Mosaner, M. A crise *brasileira: coletânea de contribuições de professores da PUC/SP.* São Paulo: Editora Contracorrente, 2016.

Considerações finais

O conceito da *economia da longevidade*, como demonstrado neste livro, é uma obra em construção em todos os países. É uma nova interpretação do ponto de vista socioeconômico sobre o envelhecimento populacional, transferindo seu diagnóstico — embora parcialmente — da coluna dos custos para a das receitas. Por seu caráter ainda inconclusivo, essa estratégia de desenvolvimento econômico representa, portanto, um risco para os países em desenvolvimento — como o Brasil —, um novo desafio na divisão internacional do trabalho e uma imensa oportunidade — uma vez que todos os concorrentes estão ainda em fases diferenciadas de elaboração e ação.

A área de produtos com alto valor agregado é o centro desta estratégia global e, portanto, demanda ainda mais investimento em P&D. A Gerontecnologia, no aspecto econômico, estabeleceu uma nova corrida no comércio global. Assim como o século XX assistiu a uma chamada corrida armamentista, ainda em curso, o século XXI desenha, como propomos chamar, uma *corrida populacional*. Essa disputa está baseada na equação dos sistemas de seguridade social, mas não apenas. Está também calcada na disputa entre os países para atender às novas necessidades de consumo das famílias, com mais idosos e menos crianças, e a crescente carência por mão de obra para os CLD.

Esse panorama impõe aos países a alteração do ponto de vista das políticas públicas em relação ao envelhecimento populacional — de custo para receita — e do imediato investimento em P&D para aqueles esperançosos em disputar essa corrida populacional de uma maneira promissora, pois é ela quem definirá a posição relativa das nações no comércio mundial nas próximas décadas. Por enquanto, as perspectivas brasileiras ainda são bastante nebulosas.

Este livro foi impresso em outubro de 2019
pela Assahi para Editora 106.
A fonte usada no miolo é Chaparral corpo 11.
O papel do miolo é Polen Soft LD 80g/m².